小学语文教材全新教学实践指导

段教学

何捷 主编

下册

人民邮电出版社
北京

图书在版编目（CIP）数据

片段教学. 小学语文教材全新教学实践指导. 下册 / 何捷主编. -- 北京：人民邮电出版社，2022.9（2023.2重印）
ISBN 978-7-115-57307-0

Ⅰ. ①片… Ⅱ. ①何… Ⅲ. ①小学语文课－教学参考资料 Ⅳ. ①G623

中国版本图书馆CIP数据核字（2021）第182226号

内 容 提 要

　　本书结合优秀的片段教学实例向读者详细地介绍了片段教学中导课、提问、评价、生成、结课、板书的基本方法，以及不同教学内容的片段教学指导技巧，并通过精选的部分 3~6 年级小学语文优秀片段教学的课堂实录及评析，让一线教师对如何精心设计片段教学能有更深入的认识。全书直指重点，实用性强。

　　本书适合参加各类学校教师招考的"准教师"参考借鉴，也可供参与职称评聘、骨干选拔、名师选拔、特级教师评选的一线小学语文教师阅读与参考。

◆ 主　编　何　捷
　　责任编辑　折青霞
　　责任印制　陈　犇

◆ 人民邮电出版社出版发行　　北京市丰台区成寿寺路 11 号
　　邮编　100164　电子邮件　315@ptpress.com.cn
　　网址　https://www.ptpress.com.cn
　　涿州市京南印刷厂印刷

◆ 开本：700×1000　1/16
　　印张：14.25　　　　　　　　2022 年 9 月第 1 版
　　字数：177 千字　　　　　　　2023 年 2 月河北第 2 次印刷

定价：49.80 元

读者服务热线：**(010)81055296**　印装质量热线：**(010)81055316**
反盗版热线：**(010)81055315**
广告经营许可证：京东市监广登字 20170147 号

目 录

01

统编版三年级下册

《燕子》

陈瑾 执教

一、扫描文本

《燕子》是统编版小学语文三年级下册第一单元的第一篇精读课文，改编自现代杰出的爱国主义作家郑振铎的散文《海燕》。文章描写了春天百花盛开、绿柳轻扬、燕子活动的情景。作者用轻快、活泼的笔触将大自然中的小生灵——燕子描写得活灵活现、充满生机。通过对燕子的外形特点、飞行动态以及停歇静态的描摹，让读者对燕子产生了无比喜爱之情。春天，因为燕子而有了生机，有了希望。

二、教学速构

（一）教学内容

课文 1~3 自然段。

（二）教学目标

1. 有感情地朗读课文，边读边想象画面，从中感受燕子的活泼与可爱。

2. 背诵积累优美的语句，学习正确书写"聚"字。

（三）教学重难点

有感情地朗读课文，边读边想象画面，从中感受燕子的活泼与可爱。

三、教学流程

（一）趣答"算术"，引课题

1. 孩子们，数学加法算术题都会做吧？今天，老师让你们来算算"语文加法算术题"。哈哈，想见识见识吗？

2. 瞧！（课件出示：长耳朵＋红眼睛＋短尾巴＝谁？原来，是兔子；扇子耳＋柱子腿＋墙壁身＝谁？是大象；再看，乌黑的羽毛＋剪刀似的尾巴＋轻快有力的翅膀＝谁？是可爱、活泼的小燕子啊！）

3.（板书：燕子）让我们一起亲切地呼唤这可爱的朋友吧！燕子。今天，我们就一起走近大作家郑振铎先生笔下的燕子吧！

【要点提示：此环节为导入环节，用时 1~2 分钟。教师巧妙地运用"语文加法算术题"引出燕子，激发学生的学习兴趣。演绎时，语言要生动活泼，能调动起学生的学习激情，使导入环节富有创意。】

（二）文中寻画，练概括

1. 同学们，在过去的学习中，大家都学过读文字想画面的阅读方法，今天就重新回顾这个方法，自由轻声地读课文，边读边思考：你能从文中找到哪些画面？

2. 好的，读得很认真，我们来分享你们看到的画面吧！

（转述学生 1 的话：你在第一段中看到了可爱的小燕子。真好！这是描写燕子的外形，我们给这个图画起个名字——外形图。）（板书：外形图）

（转述学生 2 的话：你也找到一幅画，第二自然段描绘了燕子赶来，加入美丽的春光中，你也给这幅画面起了个名字——赶春图。）（板书：赶春图）

（转述学生 3 的话：你说你发现第三、四自然段都是描写了燕子怎么飞，你就给这些画面起了个名字叫——飞行图。）（板书：飞行图）

（转述学生 4 的话：你读完最后一段，给最后这幅画面起了个名字——停歇图。）（板书：停歇图）

3. 小结：瞧，你们都是会读书的孩子，把文字读成了一张张美丽的图画。郑振铎先生又是怎么用语言描绘出这一张张生动形象画面呢？先让我们走进第一幅——燕子的外形图。

【要点提示：此环节为导入环节，用时 2 分钟。"一边读一边想象画面"是本单元语文要素之一，在这个环节中，教师要巧妙地引导学生走进全文寻找画面。想象画面对于这个年龄段的孩子来说不难，教师

在演绎时可以选用富有童趣的语言，让孩子走进文本，学会从整体入手，用语言描述画面。】

（三）读中挑战，品语言

1. 谁愿意和老师一起配合着读第一自然段？你愿意，好的，请你来！

2. 咱们怎么配合呢？你读，我画，你用口，我用手，合作展现出一只活泼机灵的燕子来，好吗？

（边读边板画：简笔画燕子）

3. 瞧，生动的语言就好似形象的画面。反过来，你能把形象的画面带进生动的语言吗？

4. 我们来试试？（手指板画上的燕子）引读：一身——乌黑的羽毛，一双——剪刀似的尾巴，一对——轻快有力的翅膀，凑成了——那样可爱的活泼的小燕子。

5. 读得真好！下面来挑战自己，在最短的时间内能把第一段背下来吗？你会用多少时间？10秒？20秒？好的，那我给你们30秒，挑战开始！

6. 谁来背？嗯，真了不起！能这么快背下来，你们一定有绝招！

（1）你说你发现了这段文字中有规律。什么规律啊？

（转述学生的话：你发现第一段每一句的句子都是"什么的什么"。）

（2）真厉害！注意到了每个短语的结构，这个句子其实是由三个结构一样的短语组成。

（3）你也发现了秘密？请说说。

（转述学生的话：你发现了作者是先写了"羽毛"，再写"尾巴"，最后写"翅膀"。）

（4）老师有问题了，以前我们都知道写小动物的外形要按照一定的顺序，郑振铎先生这样写有顺序吗？

（转述学生的话：你知道，原来他是按照从整体入手，先写"羽毛"，再写局部"尾巴和翅膀"。）

（5）老师还有问题，一只燕子还有头、眼睛、爪子，为什么不把这些都写下来呢？

（转述学生的话：你说得真好，是的，这就是抓住事物的主要特点来写。）

7. 同学们，为什么这里用了一个动词"凑"？我把它改一改：组成了那样可爱的活泼的小燕子。对比读一读，哪个好？

（转述学生的话：你读出感觉了，你觉得"凑"比"组"好，"凑"好像是把小燕子每个部位拼在一起，显得那么协调、那么有趣；而"组"读起来显得过于生硬。）

是啊，一个"凑"字多么生动，将活泼可爱的小燕子送到了我们眼前，看着这些可爱的燕子我们一起背背第一段，把它们介绍给大家吧！

8. 接着，大家再走进赶春图看看，默读第二自然段，找找作者在这段中描写了哪些春天的景物。

（1）谁来说说？

（转述学生的话：你找到了如毛的细雨、千条万条的柔柳、红的白的黄的花、青的草、绿的叶，还有伶俐可爱的燕子。）

（2）文中有一个词"赶集"是什么意思呢？大家请看这幅图，这是民间的风俗，特别是在过去的农村，人们会在一个日子集中到集市上去买卖货物。瞧，人山人海，多热闹啊！

（3）再猜猜这个字"𤧬"。下面是"𠈌"三个人字，表示众多人。后来隶书变形，下面部分就变成了"水"，但中间还保留一个

"亻"，所以"爪"的第一笔是撇，不是横。请和老师一起书写一个"聚"字。

（4）"赶集""聚拢"都是和人有关，在这儿作者把它们放到了谁的身上？是的，放到植物身上了。发挥想象，把自己也变成一棵小草、一片嫩叶、一朵小花、一条柳枝，你赶着来做什么呢？

（转述学生的话：①你是小花，你赶来在春天和其他的花儿比美啊！②你是柳枝，你赶在春天抽枝发芽呢！③你是小草，你要在春天努力生长，看看外面精彩的世界。）

（5）哇，有了各色的小花尽情开放，有了嫩绿的小草冒出头来，有了青青的柳枝随风飘舞，难怪这个春天的图画是——烂漫无比的，是光彩夺目的呀！我们一起朗读这段描写春天的话，边读边想象美丽的赶春图！

9. 同学们，赶春图已如此美妙，为什么作者还要在第二自然段后面写上燕子呢？

（转述学生的话：①你说文章的题目是"燕子"，写春光也是为了引出燕子；②你说没有了燕子，春天就没有了生机了；③你说这句话是为了后面描写飞行中的燕子做准备的。）

10. 你们真会读书！阅读有自己的思考与想法。是的，燕子才是作者笔下春天的主角啊！

【要点提示：此环节为重点段落教学环节，用时 10 分钟。学习就是一种挑战，该段落教学中，教师要不断地向学生发出挑战，调动学习兴趣，让学生在老师的引导下不知不觉地走进文本，体会语言之精妙。第二学段教学中，教师要善于用语言创设春天的美妙情境，唤醒学生的生活体验，从而感受这幅赶春图的美好。】

（四）情境接读，学积累

1.同学们，在音乐声中，我们一起走进美丽的春天吧！瞧，谁来了？——一身乌黑的羽毛，一双剪刀似的尾巴，一对轻快有力的翅膀，凑成了那样可爱的活泼的小燕子。

2.二三月的春日里，轻风微微地吹拂着，你看到了——如毛的细雨，你还看到了——千条万条的柔柳，红的白的黄的花，给春光平添了许多生趣的还是它——伶俐可爱的燕子。

3.这些描写春天与燕子的词语，同学们要好好积累下来，让你的文字也有美妙的画面。小燕子又是如何在春天的野外自由飞行呢？我们下节课再继续学习吧！

【要点提示：此环节为结课环节，用时 1 分钟。这个环节，教师要用优美的语言衔接，创设美妙的课堂情境，在情境中引读，学生接读背诵，从而积累语言。】

四、板书设计

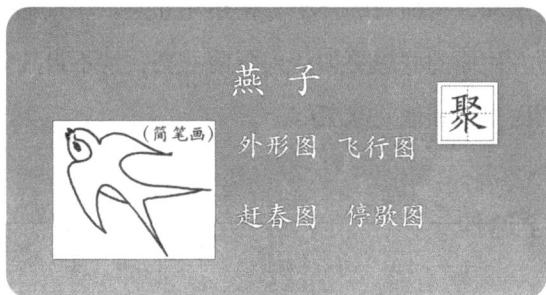

02

统编版三年级下册

《荷花》

谢娟 执教

一、扫描文本

　　《荷花》是统编版小学语文三年级下册第一单元的第三篇精读课文。这篇课文改编自叶圣陶先生的《诗的材料》，看似普通的语言文字，处处精妙生动，将荷花的样子写得栩栩如生，让人感受到其出淤泥而不染的魅力。后面的联想更加让人眼前一亮，情不自禁地走进叶圣陶先生想象的画面中，和他一起沉醉。

二、教学速构

（一）教学内容

课文 2~3 自然段。

（二）教学目标

1. 正确、流利、有感情地朗读课文。学写"瓣"字。

2. 借助插图，边读边想象画面，通过作者优美生动的语句描写，体会到这一池荷花是"一大幅活的画"。

（三）教学重难点

借助插图，边读边想象画面，通过作者优美生动的语句描写，体会到这一池荷花是"一大幅活的画"。

三、教学流程

（一）诗上开花，创设情境

1. 同学们，我们告别春天的信使——小燕子，现在让我们一起去夏天的公园里面赏荷花吧。（出示课件：荷花图片）（板书课题：荷花）那么，你还记得哪些我们学过的和荷花有关的诗呢？

（转述学生的话：你知道《江南》，真棒！背得真流利。还有上学期的《采莲曲》，你学得真扎实。）

2. 荷花圣洁美丽，出淤泥而不染，在古代诗人的笔下绽放出独特的美。那么在现代作家的眼中，荷花又是怎样的呢？今天我们就和叶圣陶爷爷一起闻香而来，欣赏——（齐读）荷花。

【要点提示：导入环节，此环节用时约1分钟。借助荷花的图片，通过回忆学过的和荷花有关的古诗，唤醒学生已有的旧知识，带动学生进入欣赏荷花的情境中。】

（二）自由品读，想象画面

1.现在，请同学们捧起书来，自由读第二自然段，边读可以边想象：这段话有哪些词语和句子让你觉得写出了荷花的风姿，哪些字词的表达让你觉得精妙？请你边读边勾画出来，待会儿和大家一起分享。（板书：赏荷）

刚才老师观察到，有的同学静静默读，有的同学低头沉思，有的同学勾画批注……学习的氛围可真好！现在，请同学们一起来分享吧。

（转述学生的话：①你觉得"挨挨挤挤"这个词特别的美。因为从这个词看出来荷叶又多又密。就是"莲叶何田田"的样子；②你要补充，你觉得这是把荷叶写活了，你挤我碰，真像课间玩游戏的你们；③你也对这个词语有想法，你还想到了"接天莲叶无穷碧"这句古诗。你太会联想了！）

2.简单的一个"挨挨挤挤"，同学们就能够从中读出这么多的东西！这个词让荷叶从静态中一下"活"了起来，富有动感。而且同学们的发言有理有据，抓住关键词进行联想分析，分享自己的感受。（板书：荷叶　挨挨挤挤）你还能再找找，像这样富有动感的词语吗？

（转述学生的话：①你觉得"冒"这个字也很好，让人感受到荷花突然出现。荷花在荷叶的衬托下特别显眼；②你觉得荷花比荷叶长得更高，更突出，所以用了这个冒字；③你仿佛看到在挨挨挤挤的荷叶中间，荷花挤啊挤，终于找到一个小缝隙，一下迫不及待地冒出来呼吸新鲜空气。真有画面感，老师仿佛也看到了。）

3.这两个词语让荷花一下生动了起来，展示出一种生机蓬勃之美。还有哪些词语让你觉得特别美呢？

（转述学生的话：①"碧绿的大圆盘"让你知道荷叶是绿的，形状是圆形。你觉得这个比喻特别生动；②"嫩黄色的莲蓬"让你觉得好可爱。）

4. 叶圣陶爷爷多么善于使用这些描写事物色彩和形状的词语呀！现在让我们带着自己对于这些词语的感受，再认真地读一读第二自然段，读出荷花的美和动感。

【要点提示：此环节用时估计3分钟。"试着一边读一边想象画面"是本单元学习的要素之一。对这些关键词语的品读，让学生能够更好地体会到这一池荷花是"一大幅活的画"，同时也为单元写作提前做好铺垫，学习如何用恰当的词语描写自己观察到的事物和感受到的情感。】

（三）赏荷之姿，细读美文

1. 同学们把这篇文章读得真美，老师也感觉荷叶和荷花仿佛一下子活了起来。请大家再捧起书来，美美地品读一下第二自然段，荷花可是开的不少，这里哪一朵的姿态是你觉得最美的？（板书：荷花　不少）

（转述学生说的话：①你最喜欢的是花瓣儿全展开、绽放的荷花。因为一片碧绿的荷叶上，白色的花瓣全展开，露出嫩黄色的小莲蓬，特别美；②你最喜欢的是才展开两三片花瓣儿的荷花，像一个害羞的小姑娘，就开一点点花，让人对它特别期待，想知道里面全开有多美；③你最喜欢的是花骨朵儿，作者这句"饱胀得马上要破裂似的"，感觉很夸张，好像下一秒，这朵荷花"啪"的一声，就会完全盛开。）

2. 荷花的花瓣真美。同学们发现了吗？这个瓣字中间是个瓜，在我们以前接触过的字中，还有些字和它是相似的。谁能来分辨一下，这些字怎么区别它们呢？

（转述学生的话：①辩论需要用语言，所以这个"辩"表示和说话有关的争论、说明；②还有辨，你用组词"辨别"的方式理解；

③"辫"字是女孩子绑辫子，所以中间用"丝"。）

3. 所以，现在我们一起来看看这个顺口溜，帮助同学们一下分清楚。

（课件展示——辨 辩 辫 瓣

一点一撇小眼睛，认真观察来分辨。

人类沟通用语言，你言我语来辩论。

长长秀发细如丝，巧手编成小辫子。

西瓜切开分瓜瓣，荷花花瓣全展开。）

4. 会认还不行，还得写好呢。请同学们抬起手和我一起写，瓣字左右都是辛，但是注意左边的辛最后一笔是短撇。左中右三个部分要写紧凑，注意各部分的避让和穿插。

5.（课件呈现课文第三自然段）我们再来看看，叶圣陶爷爷最喜欢哪一朵荷花呢？他觉得——（学生：这么多的白荷花，一朵有一朵的姿势。）看看这一朵——（学生：很美。）看看那一朵——（学生：也很美）。让人难以抉择。如果把眼前的一池荷花看作一大幅活的画——（学生：那画家的本领可真了不起。）

6. 一朵有一朵的姿态，你能联想到什么词语呢？

（转述学生的话：①你觉得是千姿百态；②你还想到了形态万千。）

对啊，千姿百态、形态万千的荷花，犹如一幅活的画生动地展示在我们面前，你觉得这个了不起的画家会是谁呢？是的，就是我们的大自然。大自然真神奇，创造出这样生机勃勃的画面，是大自然让我们能够感受到如此姿态万千的荷花之美。（板书：姿态多）

7. 自然这位作家真的是鬼斧神工，本领了得。叶圣陶爷爷用了"有的……有的……有的……"串联起来荷花初绽、绽放、含苞待开三种姿态。你愿意结合画面和想象，来试一试加上描写，给这一大幅活的画添上精彩的一笔吗？默读第二自然段，尝试一下吧。

（转述学生的话：①有的荷花上滚动着露珠，像一个刚沐浴完的仙子；②有的躲在荷叶后面，只露出一片花瓣向我们招手。）

8. 你们也是了不起的小画家，想象出来这么美而生动的画面，荷花时而幻化成为仙子，时而是个调皮的孩子，这池荷花真的活了。

9. 小结：叶圣陶爷爷善于描写，通过他的笔，大家仿佛也看到荷花的形状和姿势，他写活了一池荷花，淋漓尽致地表达他的喜爱。现在请带着自己想象出来的画面，在音乐声中，一起来品读这美好的姿态，品读这夏日清晨的美好。（板书：美）

【要点提示：此环节为重点段落教学环节，用时 10 分钟。围绕单元语文要素"试着一边读一边想象画面"和"体会优美生动的语句"展开教学。让学生在梳理课文内容的基础下，边读边想象画面、联系生活经验、仿写句子等，去体会这一池荷花是"一大幅活的画"，读出作者发自内心对于荷花的喜爱。】

（四）积累表达，学习写法

1. 今天，我们领略到叶圣陶爷爷笔下的荷花的各种姿态，有的——（学生：才展开两三片花瓣儿。）有的——（学生：花瓣儿全展开了，露出嫩黄色的小莲蓬。）有的——（学生：还是花骨朵儿，看起来饱胀得马上要破裂似的。）你在生活中，有自己最喜欢的植物吗？它在你心中，应该也有很多美好的姿态吧。课后，同学们可以学习第二自然段的写法，写一写你最喜欢的一种植物。把你喜爱的植物写"活"。（板书：活的画）

2. 这一池美丽的荷花不仅缘于大自然的神奇和伟大，也依赖于叶圣陶爷爷的妙笔生花，通过细致的观察、巧妙的遣词造句，带给我们无尽的想象。我们仿佛看到这池荷花的美，又仿佛看到更多。大家以后遇到这样的文章，都可以将文字幻化为画面，将自己融入画面中去，去感受作家笔下的神奇。

【要点提示：此环节为总结环节。用时约 1 分钟。通过前面的关键词句的学习，想象画面，仿写句子，学生已经有足够能力进行练笔仿写。通过想象画面阅读，强化单元要素，为第四自然段的学习打下基础。】

四、板书设计

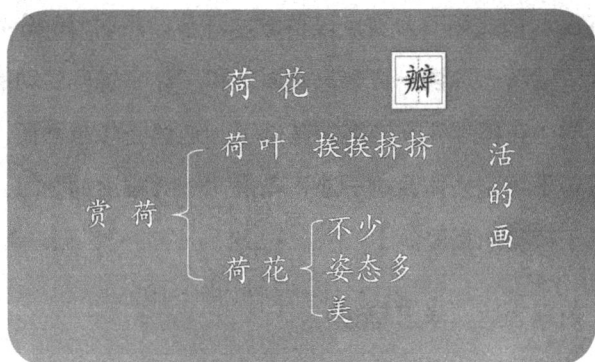

03

统编版三年级下册

《鹿角和鹿腿》

李明霞　执教

一、扫描文本

　　《鹿角和鹿腿》是统编版小学语文三年级下册第二单元的第三篇精读课文，是一篇寓言故事。本单元集中学习"寓言"，单元教学的意图在于"读寓言故事，明白其中的道理"。此文讲述一只小鹿先是喜欢美丽的鹿角，厌恶难看的鹿腿，之后发生狮口逃生的紧急情况后有所领悟的故事。本课的语言简洁生动，尤其是小鹿的四句独白值得回味推敲，寓言的道理蕴藏在故事中，耐人寻味。教学时，应当集中指向目标，探寻故事中蕴藏道理的方法，了解故事，感悟道理，获得认知和成长。与此同时，应当逐级引导，先梳理，再加工，借助关键词学会讲故事。

二、教学速构

（一）教学内容

课文 1~4 自然段。

（二）教学目标

1. 正确、流利、有感情地朗读课文，学写"鹿"字。

2. 读出鹿的心情变化，通过变化初步感知故事中蕴含的道理。

3. 根据词语提示，用自己的话把 1~4 自然段的内容说清楚，讲生动。

（三）教学重难点

读出鹿的心情变化，通过变化初步感知故事中蕴含的道理；根据词语提示，用自己的话把 1~4 自然段的内容说清楚，讲生动。

三、教学流程

（一）言"鹿"入题，定目标

1. 大家看，这是什么字？看看这些字有什么变化？

（课件出示"鹿"的字形演变）

甲骨文像长着一对棱角的动物。金文突出了灵巧的四蹄。篆文淡化了鹿角，绘制了四蹄。从隶书开始，鹿的形象逐渐消失，到今天的楷书，是这样的——"鹿"。和老师一起书空，这是一个半包围的字，注意"广"字要把里面的部分包裹起来。

2. 我们今天要一起读一个故事，这个故事就和鹿有关（板书课题：鹿角和鹿腿）。学习之前，一起来看单元学习目标。

（课件出示单元目标，学生齐读：读寓言故事，明白其中的道理。）

3. 这就是我们这节课最主要的学习目标。我们将围绕这个目标做两件事。一是阅读故事，二是从故事中发现。发现什么呢？

（转述学生的话：从故事中发现道理，你说得真准。）

4. 是的，我们把蕴含着道理的故事称之为寓言故事，"寓"是什么意思？

（课件出示：寓是"寄托"的意思，即把道理寄托、隐逸在故事里。）

【要点提示：此环节为导入环节，用时1~2分钟。解读鹿字，引入本课，同时再次复习寓言的文体特色，让学生明确本课的学习目标。这样才能有助于学生向着目标学习，最终才有可能实现目标。】

（二）初读全文，明道理

1. 在寓言故事中，小动物也像人一样会思考，会说话。要明白故事的道理，得先从话语入手，找出人物的心理活动。边听录音边跟读课文，用"_____"画出体现小鹿心理活动的句子。

（转述学生的话：①"咦，这是我吗？"②"啊！我的身段是多么匀称，我的角多么精美别致，好像两束美丽的珊瑚！"③"唉，这四条腿太细了，怎样配得上这两只美丽的角呢！"④"两只美丽的角差点儿送了我的命，可四条难看的腿却让我狮口逃生！"）

2. 想一想，这四句话中哪一句最能体现出故事的道理？这只小鹿最后懂得了什么道理？

（出示填空：小鹿明白的道理是_____。）

（转述学生的话：第四句。①你说"两只美丽的角差点儿送了我的命，可四条难看的腿却让我狮口逃生"，从文中找答案，真会发现；②你说小鹿从狮口逃生后，改变了对角和腿的看法，鹿角美丽却差点儿让自己送命，鹿腿难看却能救自己的命，很会思考；③你说这只小鹿明白了自己欣赏的美丽鹿角却差点儿让自己送命，而难看的腿却能在关键时刻救自己的命。是的，我们看问题的角度不同，事物在我们眼中就变得不一样了。）

这是小鹿明白的道理，同学们读了这个故事，明白了什么道理呢？

（出示填空：同学们明白的道理是＿＿＿＿＿＿＿＿＿＿＿＿。）

（转述学生的话：①你说漂亮的东西不一定是好的，难看的东西不一定是不好的；②你说不能仅根据表面样子来判断一样事物；③你说我们看问题需要全面一些，不能只看到一个东西的短处，而忽略了它的长处。）

3. 小结：小鹿只是就事论事地明白了"两只美丽的角差点儿送了我的命，可四条难看的腿却让我狮口逃生"，同学们明白的道理才是这个寓言真正想说明的道理，比小鹿的理解深刻得多。读寓言故事，不仅要读懂故事内容，还要思考故事说明的道理。这样才是真正读懂了这个故事。

【要点提示：此环节为过渡环节，用时2~3分钟。有机地将朗读和理解寓意结合在一起，既让学生读懂读熟了课文，又引导学生理解了故事的寓意。一箭双雕，简捷有效。采用比较的方法，说明小鹿懂得了什么道理，同学们又懂得了什么道理。通过具体的实例，让学生体会怎样从具体到抽象、从个别到一般地概括出故事的寓意，引导学生的思维从低层次向高层次发展。在这个过程中步步深入，渗透并实践阅读寓言的方法：先要读懂故事内容，再去思考故事要说明的道理。】

（三）精读段落，寻变化

1. 对于鹿角和鹿腿，小鹿并不是一开始就这么想的。默读 1~4 自然段，结合之前勾画的句子，想一想：开始时，小鹿对自己的角和腿分别是什么态度？

（转述学生的话：你说小鹿欣赏自己的角，抱怨自己的腿。概括得既准确又简洁。）

2. 在认识自己的整个过程中，小鹿的心情有什么变化？假如每次只能用一个字，你会怎么来概括？

（转述学生的话：咦，啊，唉。）

这三个语气词分别表达了小鹿什么样的心情？

（板书：欢喜　欣赏　抱怨。）

3. 谁来说说鹿是怎样欣赏自己的角的？

（转述学生的话："啊！我的身段是多么匀称，我的角多么精美别致，好像两束美丽的珊瑚！"）

他为什么欣赏自己的角？（板书：美丽）你从什么地方看出角很美丽？

（转述学生的话：①你说匀称；②你说精美别致；③你说像两束珊瑚。）

你就是这只美丽的鹿，快夸夸自己吧！小鹿们都迫不及待要夸自己了，那就自己夸夸吧！（指名读）

4. 小鹿都快要陶醉了，但是他为什么还要抱怨呢？（板书：难看）小鹿怎样抱怨的？

（转述学生的话："唉，这四条腿太细了，怎样配得上这两只美丽的角呢！"）

你看，小鹿们都在抱怨呢？（自由读）谁最能读出小鹿对鹿腿的厌恶？（指名读）

5. 看你们读得如此有滋有味，老师也想加入，欢迎吗？老师当解说员，你们读小鹿的话，可要听好老师的提示。

漂亮的小鹿们，你们从来没有注意到自己是这么漂亮，这天突然发现，所以惊喜万分。

（学生：“咦，这是我吗？”）

你们不急着离开了，对着自己的身影大加赞赏。

（学生：“啊！我的身段是多么匀称，我的角多么精美别致，好像两束美丽的珊瑚！”）

但是，当你们看到自己难看的细腿之后，不禁噘起了嘴，皱起了眉头，抱怨道——

（学生：“唉，这四条腿太细了，怎样配得上这两只美丽的角呢！）

【要点提示：此环节为重点段落教学环节，用时 8~9 分钟。《语文课程标准》中指出：“应尊重学生在阅读过程中的独特体验。”在此环节的朗读训练中，鼓励学生读出对文中情感的不同体验，并结合具体语段来说说自己的朗读体会，充分表现出自己的个性。同学之间互相评论，相互促进，加深对课文的理解。这一朗读训练，使学生自然而然地走进文本，和文本对话，为下文体会鹿的思想转变奠定了基础。一轮轮的朗读，会使学生的朗读水平得到一步步的提升。】

（四）尝试复述，寻秘诀

1. 请小朋友们根据板书内容，试着复述一下 1~4 自然段的内容。

（板书引导：欢喜；角：美丽、欣赏；腿：难看、抱怨。）

这个故事写得很有趣，但是要复述得有趣，似乎有些难度。作者是怎么讲好这个故事的？写好故事到底有哪些秘诀？需要我们仔细体会。

2. 同学们看，老师会变！（出示前四个自然段，将小鹿说的话改成叙述句。）看这段话和课文有什么不一样？（转述学生的话：小鹿说的话没了。）读一读，会读书的同学，你又有什么发现？

（转述学生的话：你说如果故事中的人物不会说话，故事就没那么生动了，也不知道他心里是怎么想的。）

3. 我们将《陶罐和铁罐》中陶罐和铁罐的对话描写也改成叙述的形式，对比读一读，说一说你的发现。

（转述学生的话：你说去掉了对话，故事不生动了，不吸引人了。）

会读书的同学就是会发现！通过这样的比较我们发现，写好寓言故事的一个秘诀就是——（课件出示：通过大胆想象，让故事中的主人公会说话。）

4. 说到这里啊，故事才刚刚开始，后来，美丽的鹿角让它差点儿送命，难看的鹿腿却让它狮口逃生，（板书：差点儿送命　狮口逃生）小鹿对鹿角和鹿腿的态度，也发生了翻天覆地的变化。其中一定经历了一段惊心动魄的故事，究竟发生了什么？我们下节课继续走进《鹿角和鹿腿》的故事。

【要点提示：此环节为总结延伸，用时3~4分钟。由借助词语简单复述，到通过比较让学生深切地体会到——让故事中的人物说话能够使故事变得更加生动、有趣，从而进行生动复述，学生的复述能力拾级而上。这里设计了两个案例的比较，先体会《鹿角和鹿腿》，再体会不久前学过的《陶罐和铁罐》，与之前学习过的课文进行对照，不但具有单元整体性，也更容易使学生提升对语言表达和写作规律的理解。】

四、板书设计

鹿

鹿角和鹿腿

欢喜

角：美丽　欣赏　差点儿送命

腿：难看　抱怨　狮口逃生

04

统编版三年级下册

《纸的发明》

邓倩倩　执教

一、扫描文本

《纸的发明》是统编版小学语文三年级下册第三单元的第二篇精读课文，它是一篇语言准确、简练且生动的说明文。读着课文，我们似乎穿越千年，沿着祖先的足迹，看到那时候的人们为了能有更好地记录事件的方法，不断进行着发明和改进，才有了今天我们手中日不可缺、轻便而利于书写的纸。了解了纸的前世今生，我们不禁感叹：造纸术凝结了我国古代人民的智慧，并传遍世界，极大地促进了文化和社会的发展。

二、教学速构

（一）教学内容

课文 2~4 自然段。

（二）教学目标

1. 会认本课"创、携"等 7 个字，会写"验"字。

2. 学生通过默读、品读，抓住关键词句，厘清纸的发明过程。了解课文怎样围绕一个意思把一段话写清楚。

（三）教学重难点

1. 帮助学生厘清纸的发明过程，了解课文怎样围绕一个意思把一段话写清楚。

2. 从纸的发明过程中，感受我国古代人民智慧凝聚的力量。

三、教学流程

（一）折纸趣聊，引新课

1. 同学们，你们喜欢玩折纸吗？你会折什么呀？

（转述学生的话：喜欢！①你会折青蛙，跳得可远了呢；②你喜欢折小船，放在水面上，拨动水还会顺水流；③你还会折坦克、飞机，我猜你一定是个小小"军事迷"。）

2. 是啊，我们手中这普普通通的纸张，除了能用于书写，还能这般千变万化呢！爱玩纸的你们，知道这纸是谁发明的吗？你们又是怎么知道的呢?

（转述学生的话：①你说纸是蔡伦发明的，还从网络上查到了资料；②你说是古代人发明的，是课文告诉你的。）

3. 究竟他们谁说的才是最准确的呢？不着急，今天老师要带你们玩一回"时空穿越"，去看看那《纸的发明》。（贴课题）

【要点提示：此环节为导入环节，用时 2 分钟，教师需用童真、童趣的语言跟学生聊折纸，唤起他们对纸的好奇。用"你知道谁发明了纸？"这个问题连接文本，自然导入片段的学习。】

（二）通读文本，抓关键

1. 早在几千年前，我们的祖先就创造了文字。文字的出现象征着我国文明的进步，可当时的人们并不像现在的我们，用纸来记录文字。请同学们默读 2~4 自然段，认真思考一下：纸，是谁发明的？动笔找出文中关键词句。

2. 现在请你们用反馈器，选出心中的答案。

（课件出示）：读完课文，我认为纸是（   ）发明的？

A 古代人民　　B 蔡伦　　C 其他

3. 我们一起来看看结果：大部分人选择了蔡伦，少部分人选择了古代人民，还有个别人选择了其他。

4. 我很好奇，想先问问选"其他"的人，你为什么这么选？

（转述学生的话：你认为纸是蔡伦跟古代人民一起发明的。原因是文中写道："大约在一千九百万年前的东汉时代，有个叫蔡伦的人，吸收了人们长期积累的经验，改进了造纸术。"）

5. 谁也找到了这一处？请你来读一读。

6. 我注意到你课本上还圈画了"吸收""改进"这两个词，你是怎么想的？

（转述学生的话：你说，这两个词说明在蔡伦以前，古人就已经发明了记录文字的方式，例如我们熟知的甲骨文，其实是把动物的壳作为"纸"，只是后来蔡伦在他们的基础上改进并发明了造纸术。）

7. 你不仅熟读课文，还能结合课外知识谈自己的理解，真不简单！

8. 同学们，在这句话中还藏着一个我们要学会写的生字（课件出示：验），这个字特别有意思，你发现了吗？

9. 刚才这个同学给我们一个启示"马的半张脸"，古时候"马"与"佥"合起来代表马的两面，意思是只有从马的两面才可以观察出马的整个状态。也是在告诉我们：在生活中，对事物的观察也要全面。

10. 你还想说？

（转述学生的话：马拴小屋边，屋内有二梁，住着鸟三只，停在梁中间。）这位同学也说得很好，还提醒了我们书写"验"字要注意的地方。

11. 请同学们跟着老师写一写：马字旁要写瘦窄，屋顶的上梁这一横可别漏掉，两点短左起，一撇长右起，最后收笔横要长。（老师边指导边范写）

12. 现在你们在田字格中描一个，写一个，写字时注意姿势。

13. （展示学生的字，点评）我们一起来看看，这位同学的"验"字，写得左窄右宽，均衡美观，给他打上★。（老师边点评边批改）

14. 你们的字怎么样，自己对照看看，给自己打个分数，看看能得到★吗？给自己打★的举手。看来，同学们写字很认真，值得表扬。

【要点提示：此环节为初读环节，用时2分钟，找出文中承前启后的一句话，作以铺垫。引导学生进一步深入学习课文，开启通往纸的前世今生的穿越大门，一睹纸的诞生与发展。】

（三）穿越千年，谈演变

1. 其实，当古代我们有了文字，古人就开始动脑筋想着如何把生活中有趣、有意义的经历一个字一个字地记录下来了。那么在没有纸的最初，他们又是怎么记录文字的呢？请大家自读课文 2~3 自然段，同桌为一小组，按顺序互相练习说一说。

2. 下面我们召开一个"穿越发布会"，汇报的小组中一个成员说记录文字的方式，另一个成员说这种方式的缺点。其他同学作为小记者，要认真听，提问题。

3. 听清要求了吗？哪一个小组想先来说一说？好，你们这组就是"穿越 1 号"，我们看看"穿越 1 号"都看到了什么？

（转述学生的话：你们看到要记录一件事，他们就用刀把文字刻在龟甲和兽骨上，或者把文字铸刻在青铜器上。"古人"说："用刀刻字，刻得我手酸疼。铸刻更是耗费了不少时间。"）（课件出示：甲骨器皿耗时耗力）

4. 好的，"穿越 2 号"已迫不及待，你们发现了什么？

（转述学生的话：后来，人们又把文字写在竹片和木片上。"古人"说："搬一次家可不容易，我都得用好几辆马车来运书呢！"）（课件出示：竹简 笨重）

5. 我们听听"穿越 3 号"带回的信息是什么。

（转述学生的话：再后来，有了蚕丝织成的帛，就可以在帛上写字了。"古人"说："哎，我是个穷书生，这帛价格太贵，买不起呀！"）（课件出示：帛 昂贵）

6. "穿越 4 号"要与我们分享的是什么呢？

（转述学生的话：两千多年前的西汉时代，人们已经懂得了用麻来造

纸，但麻纸比较粗糙。"古人"说："哎，这麻纸一写就破，太粗糙了，真难用！"）（课件出示：麻　粗糙）

7. 没想到，在蔡伦改进造纸术以前，人们用过这么多种记录文字的方法，（课件出示：甲骨 金鼎 竹简 帛）（图片）此刻小记者们有什么疑问吗？

8. "小记者1"提问：人们要记录事件，可这些"纸"不是笨重就是昂贵，不是粗糙就是量少，这可怎么办？

9. "穿越×号"答：正因为如此，蔡伦吸收前人经验，（板书：吸收）改进了造纸术。

10. "小记者2"提问：可前人试了那么多种方法，都没能发明出好用的"纸"，难道蔡伦这一次就会成功？

11. 这是个好问题！我也很想知道，同学们快快连线文中的蔡伦，去找找答案吧！

【要点提示：此环节为重点段落教学环节，用时5分钟，营造一个有趣的穿越情境，让同桌两人一组去讨论和发现，一来调动学生们积极思考和参与表达的热情，二来帮助他们厘清纸的发明过程。】

（四）提炼信息，说流程

1. 蔡伦是用什么方法改进了造纸术？请大家细读第四自然段，用横线画出相关的句子。

2. 找好了吗？来汇报你找了哪些句子吧！

（课件出示：他把树皮、麻头、稻草、破布等原料剪碎或切断

浸在水里捣烂成浆

再把浆捞出来晒干

就成了一种既轻便又好用的纸）

3. 瞧！这些就是蔡伦改进造纸术的过程，（板书：改进）花时间读读吧。

4. 课文用了这些句子，才把造纸术的发明写清楚。我先读第一句"他把树皮、麻头、稻草、破布等原料剪碎或切断"，再圈一圈（课件圈画）提取关键信息，贴一贴，这样理解起来就容易多了。

5. 看着这个思维导图，谁来说一说？

6. 这位同学能抓住关键信息把意思说得很明白，接下来你们能用上读一读、圈一圈、贴一贴、说一说的方式学习下面的句子吗？

7. 大家按要求自学第四自然段，可以读出声。

8. 你都提取了哪些关键信息？

浸 捣 捞 晒（打乱）

9. 这些关键信息，老师全贴在（副）黑板上，下面要完成贴一贴流程图，请谁呢？

树皮　＼

麻头　　剪碎或切断→浸→捣→捞→晒

稻草　／

破布……

10. 刚才这两位同学配合得很不错，像一对"黄金搭档"。我听到有同学小声嘀咕，浆是液体怎么捞出晒干呢？（播放视频）看看就能明白了。

11. 这只是造纸术的一个环节，造出这轻便又便宜的纸需要这么多道工序。现在谁能说一说蔡伦造纸都经过了哪些劳动，才满足了多数人的需要并传承下来？

12. 我们来一个个轮着说，请你们这组开火车。

13. 这组同学说得真好。还有要说的吗？可以几个人合作。你们几个人合作？三个人，你们说我们听，开始吧。

14. 几个人合作会说了，挑战可要升级啦，谁能一个人把它说完？

15. 刚才，我们用读课文、提取关键信息、借助流程图等多种方式，学会了造纸术是怎么改进的，看来学习方法很重要哦！

16. 没想到一张平平常常的纸竟要经过那么多的劳动才能传承下来，（板书：传承）难怪这种纸——（男同学读："既轻便又好用！"）

17. 为了能够大量制造，蔡伦反复研究了前人的经验，不断试验，然后改进，难怪这种纸——（女同学读："既轻便又好用！"）

18. 同学们，回到课文的初始问题，现在，你们觉得纸是谁发明的呢？拿起手中的反馈器，再次按下你的选择。

19. 我们看到这一次大部分人选择了古代人民。我请你说：为什么原先选择了蔡伦，现在却选择了古代人民？

（转述学生的话：①经过学习，我明白了，尽管前人发明的纸并没能方便书写，但因为有了他们的经验，才给了蔡伦灵感去改进，让纸变得更轻便好写，所以我觉得是他们一起发明的；②我想造纸术的流程是那么的烦琐，仅凭蔡伦一人之力，不一定能完成，这其中应该有许多工匠和他一起在努力。）

20. 总结：是啊，我们身上穿的，平时用的，都是经过很多人的劳动才做成的。纸可是古代人民长期劳动的积累和智慧的结晶啊！（板书：劳动　智慧）

【要点提示：此环节为重要段落教学环节，用时5分钟，教师从示范学法，引导学生学会提炼关键信息，圈画摆放记忆，多种形式练说，了解课文是怎么围绕一个意思把一段话写清楚。】

（五）延伸课外，多阅读

同学们，你们在课外还可以阅读一下《中国四大发明》这本书，它会让你们了解到中国更多伟大的发明，感受中国劳动人民智慧凝聚的力量。

【要点提示：此环节为总结拓展环节，用时 1 分钟，将阅读延伸到课外，让孩子对纸发明过程的了解和理解，不局限于课本的字里行间，更进一步去感受四大发明对我国乃至世界的影响。】

四、板书设计

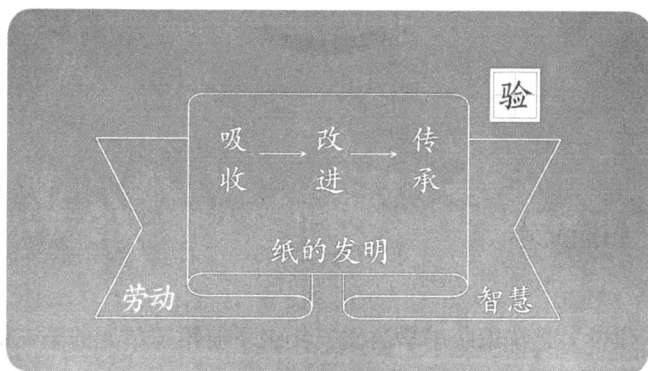

05

统编版三年级下册

《赵州桥》

田丽　执教

一、扫描文本

　　《赵州桥》是统编版小学语文三年级下册第三单元的第三篇精读课文，是一篇结构严谨、表述清晰、语言平实准确又富有感悟的说明文。全文可分三个部分，先概述了赵州桥的地理位置、设计者及建造年代等相关情况，然后介绍了赵州桥雄伟、美观的特点，最后总结了赵州桥的历史价值。从作者准确的说明性语言和生动的描写性语言中，我们可以领悟我国古代劳动人民的智慧和才干。

二、教学速构

（一）教学内容

课文 2~3 自然段。

（二）教学目标

1. 正确、流利、有感情地朗读课文，学写"创举"一词。

2. 边读边思考，理解赵州桥"雄伟、美观"的特点，感受其历史文化魅力，领悟古代劳动人民的智慧和才干。

（三）教学重难点

边读边思考，理解赵州桥"雄伟、美观"的特点，感受其历史文化魅力，领悟古代劳动人民的智慧和才干。

三、教学流程

（一）看插图，初感知

同学们，通过学习，我们已经知道了赵州桥是一座什么样的桥。

（转述学生的话：对！世界闻名！）（板书：世界闻名）

请同学们仔细观察课文的插图，你注意到了赵州桥的什么特征？

（转述学生的话：①你看到了赵州桥有一个大桥洞；②你看到了赵州桥还有四个小桥洞；③你看到了赵州桥栏杆上有浮雕。）

小结：从插图中，我们注意到了赵州桥的一些基本特征，对比生活中见过的很多桥，也许这桥看上去并没有什么稀奇。幸好今天本文的作者茅以升本身就是著名桥梁专家，他用两段文字为我们精准描述了赵州桥的特点。

【要点提示：此处是第二、三自然段的片段教学的导入环节，用时1~2分钟。教师需要承接第一自然段的内容，不能凭空、突兀地开启学习。要顺应儿童认知规律，从插图开始学习，让学生既感简单又觉有趣。另外，教师可让学生理解"插图也是重要的学习资源"。】

（二）叹雄伟，赏美观

品读第二自然段

1. 朗读课文第二自然段，这段主要讲了赵州桥的什么特点？——（学生：雄伟！）（板书：雄伟）从哪些词句中表现出来的呢？

（转述学生的话：你说表现在赵州桥很长、很宽。"桥长五十多米，有九米多宽，中间行车马，两旁走人"。）

2. 课文用了列数字的说明方法，可是我们对数字概念不强，你能给我们打个比方吗？

（转述学生的话：这就好比咱们的教室宽五米，这桥长就大概是十个教室的宽度，大约是两个教室的宽度。你可真会活学活用啊！）

3. 是的，这些数字对于现代人来说，没有什么了不起，可是在一千四百多年前的隋朝呀，可以说是非常——（学生：雄伟！）还有什么特别的吗？

（转述学生的话：你说表现在结构上。"这么长的桥，全部用石头砌成，下面没有桥墩，只有一个拱形的大桥洞，横跨在三十七米多宽的河面上"。）

4. 这里有什么特别的吗？（转述学生的话：哈哈！你说你见过的桥都有桥墩是吗？）

5. 老师准备了一些照片，请大家来看看。大部分的桥都有桥墩，因为桥体需要支撑，而有一些江南小桥则没有桥墩，也不需要支撑，因为它们跨度才两三米。赵州桥全部用石头砌成，没有桥墩也能成功的其中一个原因是，当时的设计师李春采用的是"拱石之间腰铁相连"的技术。（出示课件：安济桥拱石之间以"腰铁"相连）

6. 除此以外，还有一个非常重要的原因。请你们细读本段，找出来。

（转述学生的话：你说你找到了这句"大桥洞顶上的左右两边，还各有两个拱形的小桥洞"。）

这有什么特别的吗？

（转述学生的话：这样的话，"平时，河水从大桥洞流过，发大水的时候，河水可以从四个小桥洞流过"，就能够减轻流水对桥身的冲击力，使桥不容易被大水冲毁。）

是啊！这种设计对于当时来说真是非常特别了，课文用了一个什么词？——"创举"。

"创举"是什么意思，请同学们用自己喜欢的方法来说说对这个词语的理解。

（转述学生的话：①你说用拆词法可以理解为创造和举动，连起来就是有创造性的举动；②你说查字典可以查出来，是"从来没有过的重要行动或做法"的意思；③你说通过举例子的办法可以知道以前没有，现在才有的，比如在大桥洞顶上左右两边各凿了两个拱形的小桥洞。你们的理解非常精彩而准确！）

小结：同学们，这项创举不仅是中国的创举，也是世界建桥史上的创举啊。想想就更加觉得赵州桥真是无比——（生：雄伟！）相信同学们现在一定是自豪感满满，让我们带着这种自豪感把"创举"这个词语

写一遍吧。写的时候要注意"创"字是左宽右窄，"举"字的一撇一捺要写舒展。（板书：创举）

品读第三自然段

通过第二自然段的学习，我们深刻了解了赵州桥的"雄伟"。这是一座非常坚固、在风雨中屹立不倒的桥，非常实用。不过，难道这只是一座非常实用的桥吗？

（转述学生的话：你不同意，你说"这座桥不但坚固，而且美观。"）

这是一个过渡句，具有承上启下的作用。也就是说，这句话前半句说的是上一个自然段的意思，后半句说的是接下来的意思。接下来这段话都是在讲一个意思——（学生：美观）（板书：美观）

一座桥的美观可以表现在很多方面，课文主要刻画的是什么呢？

（转述学生的话：是啊，桥面两侧石栏板上精美的雕刻。）

雕刻里的图案都是什么？（学生：龙！）为什么呢？

（转述学生的话：①对，我们中华民族也被称为龙的传人，龙代表着尊贵祥和、国泰民安。）

看，这些龙刻得怎么样？（学生：所有的龙似乎都在游动，真像活了一样。）

哇，像活了的在游动的龙！课文具体是怎样描写的？请读一读，边读边想象画面：（学生："有的刻着两条相互缠绕的龙，嘴里吐出美丽的水花；有的刻着两条飞龙，前爪相互抵着，各自回首遥望；还有的刻着双龙戏珠。"）

请同学们进行小组合作，把这些画面都表演出来，表演之前，告诉我们，你会抓住哪些词语进行表演？

（转述学生的话：你说你会抓住"相互缠绕"这个词。）

请你把这个词语通过动作表演出来吧！

（转述学生的话：噢，你需要一个搭档。）

两个学生表演相互缠绕的动作。

请其他同学评一评他们俩表演得怎么样。

（转述学生的话：你说他们像"环抱"，不像缠绕。）

（出示课件）

看，这就是赵州桥栏杆板上两条相互缠绕的龙。

那你来试试看。再请同学来评一评。

（转述学生的话：有缠绕的感觉了。）

现在请每个小组中的两个同学表演，另外两个同学观察并评价，然后交换角色来一轮。

通过表演我们再次确认这些精美的图案，读——（学生："有的刻着两条相互缠绕的龙，嘴里吐出美丽的水花；有的刻着两条飞龙，前爪相互抵着，各自回首遥望；还有的刻着双龙戏珠。"）

是啊！所有的龙似乎都在游动，真像活了一样！所以说这样的一座桥多么——（学生：美观呀！）

【要点提示：此环节为重点段落教学环节，用时 8~9 分钟。教师首先要让学生的视角从现代回到一千四百多年前的隋朝，尽量以当时的心态来理解赵州桥。通过细细品读课文的语言，不断加深对赵州桥"雄伟""美观"这两个特点的理解，从而有所感悟。】

（三）学构段，习写法

1.通过 2~3 自然段的学习，我们知道了赵州桥不但——（学生：雄伟），而且——（学生：美观），是建桥史上的一个——（学生：创举）。

2.同学们，你们发现了吗？第二自然段和第三自然段的开头句直接告诉了我们赵州桥的特点，后面的句子跟第一句是什么关系呢？

（转述学生的话：你说是"总分"的关系。）

3.像这样围绕一句话，整段都是写这个意思的结构就叫"总分结构"。你们觉得这种结构读起来有什么感受？

（转述学生的话：你觉得读起来很明白。你说这种结构让你对赵州桥的特点一目了然。）

是啊！《赵州桥》作为一篇说明文，无疑是成功的。它非常清晰而准确地介绍了赵州桥的特点。你们读到了吗？

（转述学生的话：①你说第二自然段中的"没有""只有""横跨"等词语，朴实却充满霸气；②你说"左右两边""各有两个"等词语非常清晰地呈现了赵州桥的独特设计；③你说用"既……又……"简明扼要地阐述了如此设计的妙处……）

作为一篇说明文，《赵州桥》无疑是精彩的，大家看第三自然段的描写美不美？（学生：美！）请读出来，（学生："有的刻着两条相互缠绕的龙，嘴里吐出美丽的水花；有的刻着两条飞龙，前爪相互抵着，各自回首遥望；还有的刻着双龙戏珠。"）

是啊！"有的……有的……还有的……"散文式的语言用在这篇说明文里，增添了可读性和吸引力。

同学们，如果由你来雕刻图案，你会呈现什么样的画面，试着生动地说明吧！用上"有的……有的……还有的……"

（转述学生的话：你说你会刻上神话人物，有的刻着盘古顶天立地，有的刻着女娲求雨灭火，还有的刻着大禹治理水患……）

【要点提示：此环节为了落实统编教材的写作要素，用时2~3分钟。这篇课文结构清晰，语言晓畅，学生一读就懂，教师应让学生自己去发现写作方法，并且进行当堂训练。】

（四）引资料，促思维

1. 这里雕刻的龙就像这些神话人物一样，寄托着赵州桥永远不被洪水冲塌、人们想要战胜自然的美好愿望。只是，这桥真的会永远屹立不倒吗？

（转述学生的话：①你认为迟早都会塌；②你认为没有什么是永远不坏的。）

2. 是的，没有什么是永远不坏的。尽管赵州桥如此雄伟、坚固，但曾在岁月流转中历经了 10 次水灾、8 次战乱和多次地震，虽然没有塌，但是已经受到多次损毁。即使没有任何灾难，仅仅是经历风雨，赵州桥也不可能安然无恙啊。你们同意吗？（学生：同意！）

3. 所以你们再看插图，这么美的赵州桥，就像新的一样，其实是 1956 年整修后的模样。

事实上，1933 年我国著名建筑师梁思成等人已经探访过赵州桥，当时桥体已损毁严重。（出示课件图片）

4. 同学们，看到赵州桥的这个样子，你有什么感想？你觉得它还有价值吗？请小组讨论交流。

（转述学生的话：①你觉得心里不好受，因为跟自己想象的不一样；②你说能理解，毕竟经历了一千四百多年，损毁能够理解；③你认为它依然有价值，虽然桥坏了，但是桥的意义是存在的。）

5. 小结：是的，说得真好！赵州桥的价值不仅在于桥本身的雄伟和美观，同时也在于李春的设计是建桥史上的创举，还在于它体现了劳动人民的智慧和才干（板书：智慧）。赵州桥是世界闻名的历史文化遗产。1991 年 9 月 4 日，美国土木工程师学会评定赵州桥为最悠久的"国际历史土木工程里程碑"。希望大家以后有机会，一定要去看一看。（学生：好！）

【要点提示：此环节为总结板书、拓展资料部分，用以引发学生思维的震荡，用时 2~3 分钟。细心研读教材后会发现：课文插图中的赵州桥可真新啊！历经千年，还能这么新吗？这可能是学生想问但又不太敢问的问题。赵州桥一定不能塌吗？这可能是学生想不到，却非常重要的问题。教师应具有引人深思、促人成长的意识和本领。】

四、板书设计

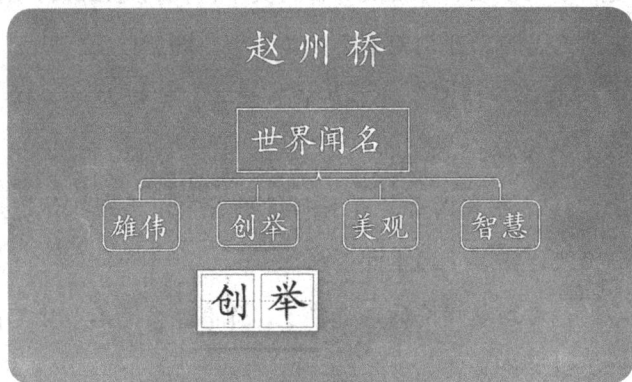

06

统编版三年级下册

《花钟》

林威　执教

一、扫描文本

　　《花钟》是统编版小学语文三年级下册第四单元的第一篇精读课文，是一篇文字优美的科学小品文。在课文生动的词句中，我们跟随作者了解什么是花钟，认识了花钟让花在不同时段开放的原理。文章结构十分严谨，段落紧密围绕中心句来展开描写，系统、全面、有逻辑地将花钟介绍得十分清楚。

二、教学速构

（一）教学内容

课文1自然段。

（二）教学目标

1. 正确、流利、有感情地朗读课文，学写"芬芳"等字。

2. 学会抓住关键词句来概括一段话的大意，品味优美词句，体会花钟之美。

（三）教学重难点

学会抓住关键词句来概括一段话的大意，品味优美词句，体会花钟之美。

三、教学流程

（一）看花钟，引课题

1. 同学们，看，这是什么？（课件出示：花钟图片）瞧，多美呀？你看到了什么？感受到了什么？

（转述学生的话：①你看到了色彩斑斓的大花坛，美丽极了；②你看到了这些花摆成钟表的形状，很有特色。）

2. 这就是花钟。（板书：花钟）齐读课题——花钟。花钟是那么美，带着感情，再读——花钟。看到这个题目，你想问些什么问题吗？

（转述学生的话：①你想知道，为什么它叫作花钟。②你想了解，它的名字既然叫花钟，是不是也像钟表一样可以报时。）

3. 多么令人好奇。究竟什么是花钟呢？这么美丽的花钟，又是怎么形成的呢？就让我们带着这些问题，一起走进——花钟。

【要点提示：此环节为导入环节，用时1~2分钟。教师用花钟的精美图片，把学生带入花钟的美丽场景中，通过提问激发学生兴趣，引

导学生走进文本。】

（二）读花钟，识字词

1.请同学们自由读课文第一自然段，读通句子，读准字音。

2.同学们，都读好了吧？让老师来检查看看，你们都会读了吗？（出示课件：鲜花朵朵　争奇斗艳　芬芳迷人）你来读，全班跟着一起读。

3.这些都是形容花的成语，很美吧？你还能想到哪些用来形容花朵的成语呢？

（转述学生的话：①百花齐放，嗯，一定是个美丽的大花园；②花团锦簇，真好，很有画面感；③群芳吐艳，太棒了，这词语是多么生动啊。）

4.课文第一句就用这三个成语，将花钟的美高度概括了出来。

5.在这里，注意"芬芳"二字是本课要学习的生字，请同学们伸出手，跟着老师，一起来书空这两个字。它们都是草字头的，注意书写的结构。怎么样？会写了吗？请在课本上再试着写一遍吧。

6.有了疑问就有了阅读的兴趣，带着疑问与探究的兴趣赶紧走进课文吧！

【要点提示：此环节目的在扫清字词障碍，完成生字会读会写的任务，用时3分钟。教师通过三个形容花钟美的成语来检验学生的字词掌握情况，并初步了解课文，感知大意。】

（三）品花钟，学表达

1.同学们的字词掌握得不错，接下来，让我们再读课文的第一自然段。这一回，请你边读边想：这一段是围绕哪一句话写的呢？

（转述学生的话：①你觉得是"鲜花朵朵，争奇斗艳，芬芳迷人"；②你不同意，你认为应该是这一句："要是我们留心观察，就会发现，一天之内，不同的花开放的时间是不同的。"）

2. 大家更同意哪一句呢？联系上下文看一看？哦，是第二句。不错，这第二句话提示了段落的主要意思。这一段话，都是围绕着不同的花在不同时间开放这个中心来写的。（板书：有中心）这是全文的中心句。

3. （出示课件）看！作者写了这么多种花，分别在不同的时间开放，让我们一起来读一读吧。老师读时间词，你们来读花的开放。凌晨四点—五点左右—七点—中午十二点左右—下午三点—下午五点—七点左右—晚上八点—九点左右。

4. 同学们，读得不错。这一读，你发现了什么？

（转述学生的话：①作者每写一种花的开放，都带上了时间词；②作者写这些花的开放，是按照从早到晚的时间顺序来写的，很有条理。）

5. 不错，很会发现。你看，作者就是用这一个又一个时间词，将不同时间开放的花写得很有顺序，很有条理。（板书：有条理）而且在这句话里，都用分号将每种花分隔开，也显得结构清晰。

6. （出示课件）现在，我按照分号的顺序，一句一行地竖着写，再请同学来读。你来读。嗯，读得真好！怎么样？这么一变，是不是像诗一样朗朗上口？

7. 但是，这句话，我如果改成这样，好不好？（出示课件）凌晨四点，牵牛花开花了；五点左右，艳丽的蔷薇开花了；七点，睡莲开花了……

（转述学生的话：①不好，因为这样写，每一种花的开放都用开花来描述，显得很重复，也不生动；②不好，太死板，太生硬，没有美感。）

8. 看来，作者写作的秘密又被你们发现了。作者写花朵的盛开，并不仅仅只是交代花开放了，还用很优美的词句来把它们的开放写得很生动，写得各有特色。那现在就请你再读读这一句话，说一说，哪一朵花的开放，吸引到了你？

（转述学生的花：①噢，你喜欢牵牛花，这里用吹起了紫色的小喇叭这种拟人的手法，把牵牛花的颜色和形状都写得很传神，真不错，带着你的喜欢，再读一遍；②你喜欢这一句，艳丽的蔷薇绽开了笑脸，这个"绽开"一词用得好，把蔷薇的艳丽写得如此形象，让我们也带着笑脸，读一读吧。）

9. 仔细一看，原来这里用上了这么多有趣的动词：吹起、绽开、醒来、欣然怒放、苏醒、舒展开、含笑一现……这些动词有什么特点？都是人才有的动作，或者是带有人的情感色彩，这就是拟人。使用拟人的修辞手法，能把事物写得更生动，更形象。（板书：有美感）

10. 同学们，让我们一起来演一演这些可爱的花朵们吧！带上动作，跟着老师，一起来表演读。凌晨四点，牵牛花吹起了紫色的小喇叭（带着学生，做出吹喇叭的动作）；五点左右，艳丽的蔷薇展开了笑脸（带着学生，做出摆笑脸的动作）；七点，睡莲从梦中醒来（带着学生，做出从梦中苏醒的动作）……

11. 多有趣呀！每朵花开放的样子都不一样，通过作者的描写，我们想象到了这一幅幅生动有趣的画面，每一朵鲜花，仿佛都有了生命。

【要点提示：此环节为重点段落教学环节，用时8分钟。"学会抓住关键词句来概括一段话的大意"为本单元的语文要素之一，为落实此训练点，教学中以品味优美词句来体会花钟之美，也是本课教学目标之一。通过反复品读、精读、细读，从指名读，到全班读，再到表演

读，逐步感受作者写花钟的顺序和条理，想象文章营造的画面和情境，带着学生入情入境，进入花钟的美丽世界。】

（四）写花钟，会应用

1.把按时开放的花朵写得如此有条理、有美感，这位作者真厉害，让我们一起来认识一下他吧！他是谁呀？（出示课件）他就是林奈。林奈是瑞典自然学者，现代生物学分类命名的奠基人，是一位著名的植物学家。通过长期观察和研究，他发现各种植物开花都有一定的时间。人们把林奈这个发现称为"花钟"。林奈能将自己的观察所得生动地写下来。我们也来试一试吧！

2.下面是其他几种花每天开花的时间，请依照第一自然段，学着写一写。

3.已经有同学写好啦，让我们来欣赏一下，你是怎么写的？

（转述学生的话：①清晨六点，龙葵花缓缓地抬起了头，露出了笑容；②下午五点，紫茉莉打开了它的裙摆，在风中翩翩起舞；③晚上七点，剪秋罗探出了头，和刚刚上班的月亮阿姨打招呼。）

4.同学们写得太好了，学会用不同的动词来表达鲜花的开放，用上了拟人的修辞手法，把花儿们写得这么生动。这就是写作的魅力。以后，大家可以继续用这样的方法去描写事物。

【要点提示：此环节为迁移应用，用时3分钟。教师将第一自然段所学习的写法进行迁移应用，结合课后的小练笔，让学生马上试着写其他几种花卉开放的样态，掌握拟人的修辞手法，学以致用。】

四、板书设计

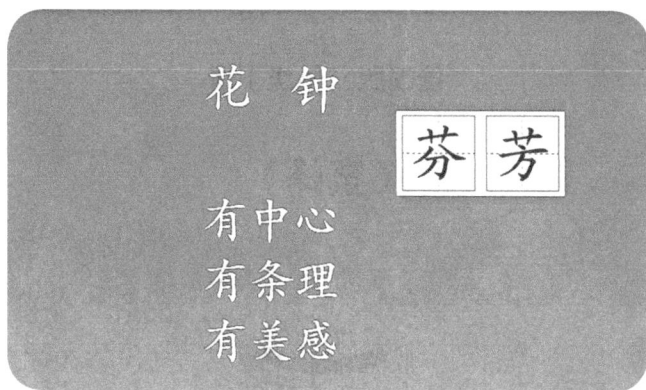

07

统编版三年级下册

《蜜蜂》

谢娟　执教

一、扫描文本

　　《蜜蜂》是统编版小学语文三年级下册第四单元的第二篇精读课文，选自著名的科学家法布尔的《昆虫记》。文章以"我"的角度写了科学家法布尔所做的一个实验，即证实蜜蜂是否具有辨认方向的能力。全文充满着科学的态度和求实的作风。教师教学时，不仅要让学生了解关于蜜蜂的知识和实验的过程，还要引导学生感受科学家善于思考、严谨求实的科学态度。教学中需要紧扣单元主题——"留心观察，会有新的发现"，让学生从阅读中明白——只要做生活的有心人，留心观察身边的事物，多动脑思考，就会有所发现，有所收获。

二、教学速构

（一）教学内容

课文 1~2 自然段。

（二）教学目标

1. 正确流利朗读课文，学会正确书写"蜜蜂"两个字。

2. 借助关键词句梳理法布尔实验的初始步骤，感受法布尔作为科学家的善于观察和严谨作风。

3. 运用多种方式，体会课文用词的准确性。学习把实验过程中的观察和思考写清楚。

（三）教学重难点

运用多种方式，体会课文用词的准确性，引导学生模仿观察和思考的语句。

三、教学流程

（一）猜谜导入，学写课题

1. 同学们，今天老师邀请了一位朋友来到我们的课堂，请大家一起来猜一猜，它是谁？

（出示课件：

全家住在格子间，团结劳动小模范。

日常花丛去忙碌，造出黄金甜蜜蜜。）

2. 对啦，就是我们的花间小小劳动者——蜜蜂。现在请同学们和老师一起来书写课题。（板书：蜜蜂）这两个字都是形声字，"宓"和"夆"是声旁，"虫"为形旁，提示了我们这个词语和昆虫有关系。这两个字笔画较多，书写的时候要注意间架结构要紧凑。请同学一起齐读——蜜蜂。

3. 古人认为蜜蜂春夏酿出蜜汁，秋冬靠存蜜度日。你还知道哪些和蜜蜂有关的科学知识吗？

（转述学生的话：①你知道蜜蜂尾巴有毒针，被蜇到会红肿，很痛；②你还知道采花蜜的是工蜂，在采花同时还帮助植物授粉；③你还知道，蜜蜂不容易迷路，会通过跳舞通知同伴地点。）

4. 蜜蜂真是全身充满神秘的昆虫。有一个著名的科学家——法布尔，他是一个从小热爱观察并且不断探索昆虫世界的人，今天我们就要一起来看看他做的一个关于蜜蜂的小实验。

【要点提示：此环节为导入环节，用时 1~2 分钟。通过猜谜引发学生的兴趣，学生介绍自己对蜜蜂的了解，加强了直观的感受，还简单介绍法布尔，关注到作者是一位科学家。"蜜蜂"两个字为本课要学的生字，在导入中直接完成学习。】

（二）发现神奇，了解目的

1. 请同学们默读第一自然段，边读边找出法布尔发现的蜜蜂的"神奇之处"在哪儿。

（转述学生的话：①蜜蜂的神奇之处是有辨别方向的能力，可以回到原处；②你要补充，是无论飞到哪里，总是可以回到原处。你真的是个细心观察的孩子，一下子抓住了"无论……总是……"这组关联词，知道蜜蜂辨认方向的能力是非常强的。）

2. 法布尔已经知道蜜蜂有这个能力了，为什么还要做实验呢？

（转述学生的话：①他只是听说，自己没有看到过；②他是一个科学家，要有实验证明才能确定一个知识。）

3. 现在请同学们一起来看看资料袋的内容，作为一位严谨的科学家，道听途说的内容可以成为他的科学成果吗？不可以。法布尔说："在对某个事物说'是'以前，我要观察、触摸，而且不是一次，是两三次，甚至没完没了，直到没有任何怀疑为止。"这就是科学家！从不盲从别人的结论，而是要自己动手做实验。（板书：实验 验证）

4. 那他又是如何进行实验的呢？相信同学们也很好奇，现在就让我们走进法布尔的科学实验！

【要点提示：此环节用时约 2 分钟。第一自然段通过两个问题和资料袋信息的补充，引导学生借助关键词语了解实验目的，初步感知法布尔作为一个科学家，具有着严谨求实的科学精神。】

（三）研读实验，感受严谨

1. 请同学们默读第二自然段，思考一下：法布尔的实验初始阶段是怎么操作的？请借助关键词句，试着说一说。

（转述学生的话：①捉住一些蜜蜂，放到纸袋里面，到四公里外，做上记号放飞，等着看它们会不会回来；②你来补充，先捉住一些蜜蜂，再放到纸袋，接着请女儿等着，然后带到四公里外，最后做上记号放飞。）

2. 你们解说得真好，特别是使用了一些关联词来帮助梳理过程。在写实验过程的时候，我们也可以借助这样的词语，把实验过程写清楚。可是这样多的步骤也太麻烦了吧，中间有的步骤可以省略吗？请你再默读第二自然段，和你的同桌讨论一下，看看这些步骤都有什么作用呢？

（课件展示）

实验步骤	作用

（转述学生的话：①放在纸袋，为了避免自己被蜜蜂蜇到，而且防止蜜蜂依靠眼睛记住回来的路；②小女儿等在这里，可以记录下来蜜蜂是否回来，四公里比较远，太近没有实验的意义；③做记号，才能认得这是参加实验的蜜蜂。）

3. 不深入思考不知道，原来简单的一个实验，每个步骤后面都有深刻的用意。了解到这些内容后，你觉得法布尔是一个怎样的科学家？

（转述学生的话：①思考缜密的科学家；②做事严谨的科学家；③力求科学验证的科学家。）（板书：科学严谨）

4. 这样一个做事严谨的科学家不仅表现在做科学实验的时候，连他写的文章都带着严谨客观的风格。请你再认真读一读第二自然段，圈一圈，哪些词句还能说明他的严谨？

（转述学生的话：①你从"好像""大概"这两个词，看出这个是他的猜测，而不是肯定的答案，用词准确；②你从"几乎"也看出他观察很仔细，蜜蜂并没有触到地面，在大风中艰难地飞行着，用词严谨。）（板书：用词准确）

5. 科学家写科学文章就是这样，用词准确而严谨，以免误导了读者。让我们给法布尔点个大大的赞！完成实验的放飞阶段之后，就直接等待实验的结果吗？请同学们认真读一读第二自然段，看看法布尔进行了哪些观察和猜测。

（课件展示）

观察	思考、猜测

（转述学生的话：①你发现他观察到蜜蜂四面飞散，进行了猜测——蜜蜂好像是在寻找回家的方向；②你还发现法布尔观察到因为刮起狂风，蜜蜂飞得低，猜测到蜜蜂这样是为了减少阻力；③你要补充，你还发现法布尔还想到蜜蜂飞行过低，会不会看不到遥远的家。）

6. 不仅仅是法布尔善于观察和思考，你们也是善于观察的小能手。在一段话中找到了这么多的细节。请你们再读一读这两句话，读出他对蜜蜂的担心。（板书：善于观察思考）

7. 在生活中，你有遇到这样的情况吗？说一说你的观察和思考。

（转述学生的话：①你的观察和思考是夏天下着大雨的时候，大家不撑伞就会被淋湿，可是荷叶却不会，大概荷叶表面有一层防水的保护膜；②冬天树上的叶子都落光了，可能是因为冬天少雨，大树为了减少水分蒸发，所以早早把叶子都落光了。）

8. 小结：我们每个人都有一双善于观察的眼睛，有一个喜欢思考的大脑。要想成为科学家，就要像法布尔那样，仔仔细细地观察事物的变化，然后把观察和思考的过程写下来。

【要点提示：此环节为重点教学段落，用时约10分钟。"观察事物的变化，把实验过程写清楚"是本单元的语文要素之一。紧抓"严谨"，通过读一读、圈一圈、填表格等方式，不仅让学生感受到法布尔作为一名科学家用心观察、勤于思考，科学实验过程严谨，在写科学文章时一样用词准确。通过了解课文的写法，仿写观察和思考的句子，为单元写作提供帮助。】

（四）学习科学，习得写法

1.同学们，作为一位科学家，法布尔得到结论不是因为听说，他希望通过（学生：实验）进行（学生：验证），所以他进行了这次实验。我们也看到他是一个（学生：科学严谨 善于观察思考）的科学家，身为作家（学生：用词准确）。

2.你想知道实验的过程中还发生了哪些事情吗？想知道实验的结果如何吗？我们下节课将继续学习法布尔的实验过程，感受他严谨求实的科学态度！

【要点提示：此环节为结束，用时约1分钟。总结板书，总结写法，并且激发学生们对后面学习内容的兴趣，下节课继续进行阅读。】

四、板书设计

蜜 蜂

实验　验证

科学严谨　善于观察思考　用词准确

08

统编版三年级下册

《剃头大师（前半部分）》

李明霞　执教

一、扫描文本

　　《剃头大师》是统编版小学语文三年级下册第六单元的第二篇精读课文，选自儿童文学作家秦文君的作品《调皮的日子》。课文内容贴近学生的生活，能唤起学生对童年生活的回忆。课文的语言生动活泼，能吸引学生的阅读兴趣。课文的篇幅长，难懂的词句较多。结合单元学习目标，确定"理解难懂的句子"是本课的学习重点之一。课文虽长，但板块清晰。比较老剃头师傅和"我"给小沙剃头的过程有何不同是本课教学的难点。教学时，应当重视学生的真实阅读起点，对接学生已有的知识积累和生活体验，追求"以学生为本"的课堂教学目标，促进学生思维能力的提升。

二、教学速构

（一）教学内容

课文 1~6 自然段。

（二）教学目标

1. 正确、流利、有感情地朗读课文，学写"理""鬼""骂"字。

2. 学习运用多种方法理解难懂的词语和句子，了解老剃头师傅给小沙剃头的过程，思考老剃头师傅被称为"害人精"的原因。

（三）教学重难点

学习运用多种方法理解难懂的词语和句子，了解老剃头师傅给小沙剃头的过程，思考老剃头师傅被称为"害人精"的原因。

三、教学流程

（一）介绍作者，揭示课题

1. 提到"大师"这个词语，你想到谁？

（转述学生的话：①你想到了音乐大师贝多芬，看来你很喜欢音乐；②你想到了国画大师齐白石，齐白石画的墨虾那可是一绝呀。）

2. 是的，"大师"指的是在学问或艺术等方面有很高造诣的人。"剃头大师"指的是谁？

（转述学生的话：你说得对，是指剃头技术很高超的人。）

现在，我们不叫剃头，而是叫理发。伸出手指，跟我一起书空

"理"。"理"字是常见的左窄右宽的字，大家在田字格里描一个，写一个。

3. 之所以会出现这类用词的差别，认识完这篇文章的作者，你们就清楚了。（课件出示作者秦文君简介及主要作品《男生贾里全传》《女生贾梅全传》《调皮的日子》）

因为作者是"50后"，在他们小时候的那个年代，理发就叫剃头，有意思吧。我们今天要学习的这篇文章《剃头大师》就选自秦文君的作品《调皮的日子》，齐读课题，和我一起书空。（板书课题：剃头大师。）

【要点提示：此环节为导入环节，用时1~2分钟。从学生熟悉的作家和作品入手，拉近学生与文本之间的距离，诱发学生的阅读期待。基于三年级学生仍以形象思维为主的思维特点，让学生结合生活经验说说知道的"大师"，再由教师总结"大师"的意思，这是基于学情、以学生为本的教学原则的体现。】

（二）回顾方法，聚焦词语

1. 课文中除了"剃头大师"之外，还有一些词语，因为有些年代感，现在都不常用了，所以有点儿难理解。自由读课文，把难懂的词语圈出来，再运用一些方法试着去理解词语。有哪些方法可以用？

（转述学生的话：①你说可以查字典，懂得利用工具书的人最会学习；②你说可以联系上下文猜一猜，有依据地大胆猜测，真是一个好方法；③你说可以请教同学，说不定同学知道，三人行必有我师，很不错。）

动手吧，用这些好方法试试看。

2. 根据大家圈画的情况来看，最难理解的词语是"耿耿于怀""一绺""时髦""锃亮"。老师发现，不少同学已经通过自学弄懂了，哪位同学来选择一个词语说一说你的好方法？

（转述学生的话：①我不理解"耿耿于怀"的意思。我就读上下文，发现这些段落讲的都是令小沙不开心的事情。我再查字典，发现"耿耿于怀"的意思是"不愉快的事情在心里难以排解"，跟我猜的差不多；②我不太理解"一绺"这个词语到底是指一根还是一束？我查字典才知道线、麻、头发、胡须等许多根顺着聚在一起叫"一绺"；③我不理解"时髦"的意思，我就问同桌，同桌说是时尚、流行的意思；④我不理解"锃亮"的意思，但我联系"亮"，就猜可能是指老师傅的剃刀很锋利、很亮。）

3. 小结：遇到难懂的词语时，我们可以通过联系上下文、结合生活经验、向他人请教、查字典验证等方法来理解它的意思。

（出示课件：联系上下文、结合生活经验、向他人请教、查字典验证。）

【要点提示：此环节为过渡环节，用时 3~4 分钟。这一环节让学生通过自主学习，聚焦难理解的词语，引导他们回顾理解词语的方法，获得解决问题的途径，并指导学生通过查字典验证来理解词语的准确意思。在准确理解词语意思的基础上，理解难懂的句子也就水到渠成了。】

（三）由词及句，了解原因

1. 扫清了这些障碍，文章读起来就更有趣了。再次读文章，看看文中有哪些人物。

（转述学生的话："我"的表弟小沙、姑父、老剃头师傅和"我"。）

2. "我"的表弟是一个什么样的小孩儿？

（转述学生的话：你分析得很正确，他是一个胆小鬼，因为他怕很多东西，比如怕鬼，怕喝中药，怕做噩梦，还怕剃头。）

3. "鬼"是一个独体字，要写好可不容易，大家跟着老师书空，注意观察老师如何占格。拿起笔，在田字格里描一个写一个。

4. 从哪些地方可以看出来小沙很害怕剃头？

（转述学生的话：①"小沙每次都是被押进理发店的，姑父还得拿一把木尺在旁边监督。"你找得真准，从姑父的特殊督促确实能够看出来，对于剃头，小沙真的不乐意；②"谁给小沙剃头，小沙就骂谁'害人精'，还用仇人一样的目光怒视对方。"你找到的这句话很能体现出小沙发自内心的不喜欢。）

5. "骂"这个字很形象，"马"字头上两张"口"，伸出手指，我们一起写一写。

6. 刚刚的句子中有一个词语，现在也很少用了，就是"害人精"。（板书：害人精）运用咱们刚刚总结出来的查字典的方法，我们一起来理解一下"害人精"这个词语。先猜一猜，说说"精"是什么意思。

（转述学生的话：①你猜是精灵；②你猜是精明；③你猜是很厉害的人。）

7. 拿出字典，一起查一查"精"字，看看准确理解"害人精"的意思。（出示字典图片，选择"害人精"的"精"在字典中的义项。）

要准确理解词语的意思，还要勤查字典。

8. 课文中的"害人精"指的是谁？（板书：老剃头师傅。）

9. 默读 4~6 自然段，用直线画出小沙觉得老剃头师傅是"害人精"的理由。

预设：

句子1：老师傅耳朵不好，听不清小沙的抗议，而且，他有一把磨得锃亮的剃刀，所以，小沙只得规规矩矩由老头摆布。

句子2：最痛苦的是，老师傅习惯用一把老掉牙的推剪，它常常会咬住一绺头发不放，让小沙吃尽苦头。

句子3：老师傅眼神差了点儿，总把碎头发掉在小沙的脖子里，痒得小沙哧哧笑。

句子4：这一会儿痛一会儿痒的，跟受刑一样。

句子5：最让小沙耿耿于怀的是，每次剃完头，姑父还要付双倍的钱给“害人精”。

10. 这些句子哪些让你感触最深？

（转述学生的话：你觉得对“碎头发掉在小沙的脖子里，一会儿痛一会儿痒的，跟受刑一样”这个部分印象最深。你在理发的时候，可能也碰到过这种情况吧，碎头发粘在身上，有时很扎人，有时却痒得受不了，恨不得马上冲回家洗个澡。如果身体出汗了，这些碎头发怎么都弄不下来，非常难受，就像课文里说的，跟受刑一样。）

11. 猜一猜什么叫“受刑“？

（转述学生的话：你觉得受刑就是让人很难受。）（板书：受刑）

这个词我们不理解，那用什么办法可以知道它的意思呢？对，老办法，查字典。

（课件出示“刑”在字典中的释义。）

12. 瞧，这就是“刑”在字典中的解释。联系字典里的意思，现在你知道什么叫“受刑”了吗？（学生：受刑就是对犯罪嫌疑人进行体罚。）生活中你遇到过像受刑一样十分难受的经历吗？

（转述学生的话：之前你和爸爸妈妈坐船旅游的时候遇到过，是的，船舱都是封闭的，浪又很大，船老是晃，你坐在那儿当然就跟受刑一样了。）

13. 这碎头发让小沙感觉跟受刑一样，看来真是不好受呀。还有哪里也让你感同身受呢？

（转述学生的话：①"老师傅的推剪常常会咬住一绺头发不放"，我在剪头发的时候，理发师的剪刀也很钝，剪着剪着就把我的头发卡住了，但是理发师没有发现，还把我的头发往外拉，疼死我了；②"师傅有一把磨得锃亮的剃刀，所以小沙只得规规矩矩由老头摆布。"我在理发的时候，理发师的剪刀看上去十分锋利，闪闪发亮，我就坐着一动也不敢动，怕剪刀会蹭到我。）

14. 看来剃头还真是一件让人难以喜欢的事情。再读一读 1~6 自然段吧，带着自己的理解，读出小沙剃头的那种痛苦。

【要点提示：此环节为重点段落教学环节，用时 8~9 分钟。这一环节紧紧围绕课后习题来落实语文要素。课后有这样一道题："'剃头大师'和'害人精，分别指谁？为什么这样称呼他们？"这一片段主要解决"害人精"的问题，"为什么称呼'我'为'剃头大师'"放到下节课学习。"害人精"中"精"的意思，学生是模糊不清的，所以这里借助查字典的方法来理解。理解了"害人精"的意思，再聚焦为什么称呼老剃头师傅为"害人精"，就体现了从词语学习过渡到文本学习的思路。在交流时，从具体的描写中，学生了解了老剃头师傅是如何给小沙剃头的，并感受到了语言的幽默生动，这为下一步"比较剃头老师傅与'我'给小沙剃头过程的不同"做好了铺垫。】

（四）表格比对，留下悬念

1. 根据刚刚的学习，我们可以完成下面这个表格的左边部分，试试吧。

	老剃头师傅	"我"
工具		
过程		
结果		

交流并出示答案：

	老剃头师傅	"我"
工具	一把老掉牙的推剪	
过程	推剪常常会咬住一绺头发不放，让小沙吃尽苦头	
结果	剪完的头发整齐有型	

2.课文不仅写了老师傅给小沙剃头的经历，还写了"我"是怎样给小沙剃头的，两者有什么不同呢？到底谁才是"剃头大师"？谁是"害人精"？下节课，我们再来探讨。

【点评：此环节为总结延伸，用时 1~2 分钟。通过表格对老剃头师傅的剃头过程进行整理，一来对教授的段落进行梳理，二来可以为下节课教授的内容进行铺垫，留下悬念。】

四、板书设计

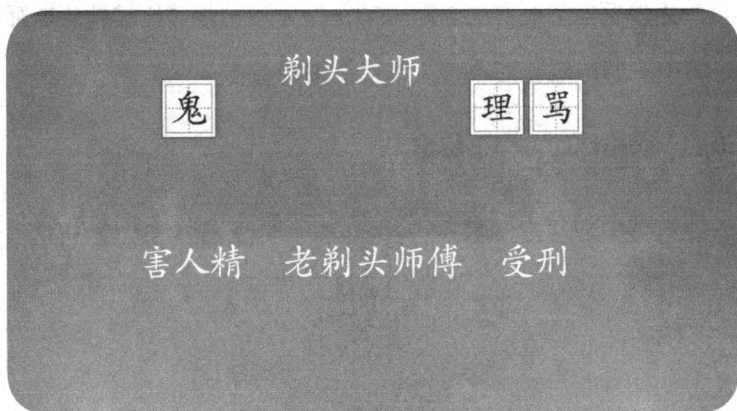

09

统编版三年级下册

《剃头大师（后半部分）》

林辰靓　执教

一、扫描文本

《剃头大师》是统编版小学语文三年级下册第六单元的第二篇精读课文，这是一篇幽默风趣的小说。作者秦文君在文中塑造了表弟小沙、"我"、姑父和老师傅这四个角色。这四个角色中两个大人，两个小孩，他们组合在一起的时候便会有神奇的事情发生。本应该是剃头高手的老师傅在小沙看来是十足的"害人精"，而没有任何剃头经验的"我"却被小沙所认可，这其中充满了啼笑皆非的经历，但这也是成长最有趣的滋味。文章在两位剃头师傅带给小沙的不同剃头感受的对比中，突出了小沙和"我"的天真，其实也通过诙谐的语言批评了"我"的无知和调皮，但也让读者感受到了童年的真与成长的趣。

二、教学速构

（一）教学内容

课文 7~18 自然段。

（二）教学目标

1.认写生字"趣"。

2.默读课文，能运用多种方法理解难懂的句子，从中发现"我"剃头的过程与老剃头师傅不一样的地方。

3.结合课文相关句子，判断真假剃头大师，理解题目的深层含义。

（三）教学重难点

默读课文，能运用多种方法理解难懂的句子，从中发现"我"剃头的过程与老剃头师傅不一样的地方。判断真假剃头大师，理解题目的深层含义。

三、教学流程

（一）寻找"大师"

同学们，看，他是谁？对啊，小沙最怕的老师傅。（板书：老师傅）昨天的课上有的同学认为老师傅是剃头大师，有的同学认为他不是剃头大师。而我们的小沙为了不去理发店受折磨，今天找了一位大师，那就是"我"。（板书："我" 大师）

【要点提示：此环节为导入环节，用时 1 分钟左右。教师可以用设疑、激趣的方式引导学生回顾前面所学课文，同时逐渐过渡到"我"给小沙剃头的内容。】

（二）"大师"剃头

1. "我"怎么给小沙剃头呢？下面请同学们读读课文，找找看，用横线画出相关句子。

（转述学生的话：①你说，剃头速度快。你找得真快。是呀，"我"咔嚓两剪刀，就剪下一堆头发；②你说，理发工具不同，"我"用的是剪刀，而老师傅用的是剃刀。）

2. 大家见过剃刀吗？想看吗？看，其实老师傅用的是两样工具，先用剃刀，再用推剪。如果给你理发，你会选用哪个工具？

（转述学生的话：（1）你会选择剪刀，咔嚓两下，速战速决；（2）你从文中发现师傅的剃刀是磨得锃亮，字典中说"锃亮"这个词表示反光发亮的意思，你猜想老师傅的剃刀非常锋利，要是他一不小心还会划破皮。）

3. 真棒，你用上了我们理解难懂词语时所用的方法，这也是理解句子的好方法哦！（板书：查字典）

4. 这把刀——冒着寒光，十分锋利。换作是你愿意被剃刀剃头吗？大家都摇头了，你们的感受和小沙一样，让我们用朗读来传递小沙内心的恐惧。

（转述学生的话：①你发现老师傅给小沙剃头的时候，常常会咬住一绺头发，让小沙吃尽苦头，还会把碎头发掉进他的脖子里，可难受了；②你有补充，你从"咬"感觉小沙不是在剃头，而是在受刑；③你还发现小沙是一会儿痛，一会儿痒。）

5. 如果是你会有怎样的感受？

（转述学生的话：（1）你不想剪了，只想弄出衣服里的碎头发；（2）你也想如小沙一样夺门而逃。向哪逃？向门外逃。）夺是用尽全力地跑，如果给"夺门而逃"换个词，想到哪些？迫不及待、急不可待、火急火燎……看来大家的感受和小沙一样，下面我们把感受送回句子，一起来读读第五自然段。

6. 所以我们还可以联系生活理解小沙理发的痛苦。（板书：联系生活）

7. 乍一看，"害人精"还真有点害人，"我"真有点剃头大师的风范。还发现了什么？

（转述学生的话："我"的技术很麻利，小沙很信任"我"。）

8. 具体说说。

（转述学生的话：哦！是呀，不一会儿姑父的睡衣就像一张熊皮，而老师傅总是会把碎头发掉到小沙的脖子里，让他受尽苦头。）

9. 在对比中思考，真是个会读书的孩子。

（转述学生的话：你有补充，小沙央求"我"的时候希望"我"别剪破他的耳朵，而且还要"我"发誓，说明曾经他的耳朵就被老师傅的剃刀伤过。）

10. 能够联系上下文来理解，这是一种很好的读书习惯。（板书：联系上下文）

（转述学生的话：你发现小沙原本是店里最不受待见的顾客，而在"我"这里却是世界上最优秀的顾客。）

11. 原先理发是什么样？对了，每次剪头发都是被姑父押进理发店；而且，姑父还得执一把木尺在一旁监督。否则，小沙准会夺门而逃。

（转述学生的话：你从"押"看出小沙特别不愿意，因为电视上罪犯就是被押走的。真棒，联系生活理解词语意思。而"我"认为，世界上再也没有比他更优秀的顾客了。）

【要点提示：这个环节大约用时 8 分钟，这里面主要包含了文章内容的理解和用多种方法理解词语意思。在教学中学生通过寻找并分析"我"的剃头方式的相关语句，抓住关键词理解词语意思，从而把握难理解句子的大意。这些句子也带有童趣，在互动问答中，通过联系生活，更能激发学生的学习兴趣，感受"我"剃头的与众不同。】

（三）真假大师

1. 技术好不好，嘴上说的不算，还得看效果。请同学们把目光聚焦到 13~18 自然段，你还发现什么不同？

（转述学生的话：剃头效果不一样。老师傅至少理了一个合格的头，而"我"把小沙的头剃得坑坑洼洼，像大峡谷一样，像梯田一样，像一团团麻绳。是呀，头上坑坑洼洼的，就像不平的路面，都不好意思出门了。小沙原本就怕剃头，"我"还害他剃了个大光头。）（板书：大光头）

2. 小沙是名优秀的顾客，但"我"却不是一名卓越的剃头大师。那么谁才是真正的剃头大师呢？请小组同学相互交流一下。

（转述学生的话：你说老师傅才是剃头大师，"我"是"害人精"。因为你发现姑父还要付双倍的钱给"害人精"。）（板书：害人精）

3. 你从双倍的钱读出姑父特别感谢他，只有他才能降服小沙的头。（板书：双倍钱）

（转述学生的话：你发现只要磨得锃亮的剃刀一出现，小沙就得规规矩矩。）

4. 说明老师傅有办法。你抓住关键词来回答，这也是理解词语的方法。

（转述学生的话：①你有不同的意见，你觉得老师傅不是剃头大师，因为小沙每次剃头后都是耿耿于怀，而且老师傅眼神差还让小沙一会儿痛，一会儿痒，和受刑一样。感受很糟糕；②你发现老师傅用的是老掉牙的推剪，"老掉牙"说明工具特别破旧还不利索，而且还会有皮肉之伤，而"我"至少用的是剪刀。）

5. 运用对比的方法，也能让我们理解难懂句子的意思。那么究竟谁是剃头大师呢？

"双倍钱"和"大光头"是大人眼中的世界（板书：大人眼中），"害人精"和"大师"是孩子眼中的世界（板书：孩子眼中）。其实文中并没有真正的"剃头大师"，自封大师的"我"也是对自己差劲技术的自我嘲笑，但谁的童年没有犯过错呢？正因为有这些天真和调皮的经历，才让我们回忆起来更有滋味、更有乐趣，这也就是成长的滋味。（板书：趣）所以有趣的故事，也应当有一个幽默的题目。（板书：幽默）

6. 这篇文章选自秦文君的《开心男孩》，书中还有许多精彩的故事，同学们可以翻开原著读一读，继续感受这天真有趣的成长滋味。

【要点提示：这个环节，引导学生在"我"与老师傅的对比中理解文章题目含义，大约用时4分钟。这部分内容是基于学生在前面初步掌握理解难懂句子意思的基础上，进行自主阅读和交流。教师在这个过程中语言要突出学生所寻找到句子的"关键词"，进行着重强调。同时对"害人精""双倍钱""大光头"这三个板书词语进行再次突出，以加深学生对题目内涵的思考。】

四、板书设计

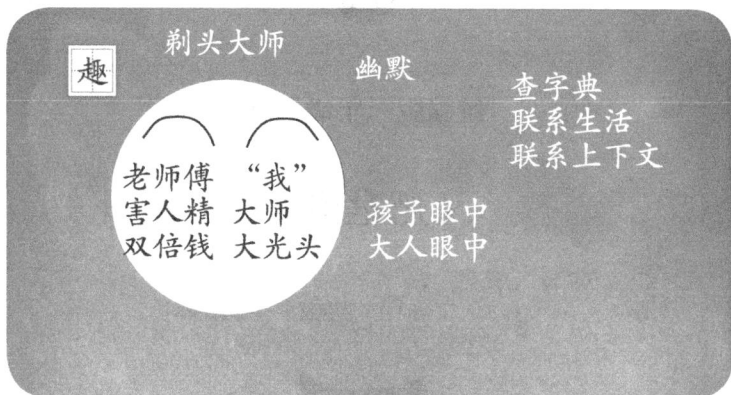

剃头大师　　　　幽默　　　查字典
趣　　　　　　　　　　　　联系生活
　　　　　　　　　　　　　联系上下文

老师傅　"我"
害人精　大师　　孩子眼中
双倍钱　大光头　大人眼中

10

统编版三年级下册

《肥皂泡》

陈瑾　执教

一、扫描文本

《肥皂泡》是统编版小学语文三年级下册第六单元的第三篇精读课文，是一篇非常贴近儿童生活的回忆性散文。文章的文笔清新自然，情感真挚淳朴，意境深邃优美。冰心奶奶童年最爱玩吹肥皂泡的游戏，她用清丽的文字带着读者走进她的童年记忆。每个人读后都会被她的文字所感染，感受她充满骄傲、幸福与希望的快乐童心。根据本单元"运用多种方法理解难懂的句子"的训练要点，教学时要引导学生阅读课文，展开多角度思考，运用多种方法深刻体会语中意、言中情。

二、教学速构

（一）教学内容

课文 3~4 自然段。

（二）教学目标

1. 运用联系生活、想象画面、查用资料等多种方法理解文中难懂的句子，感受丰富表达下的美好情感。

2. 有感情地朗读课文，产生对美好童年的向往。

（三）教学重难点

运用联系生活、想象画面、联系并运用资料等多种方法理解文中难懂的句子，感受丰富表达下的美好情感。

三、教学流程

（一）挑起"玩"兴，引课题

1. 同学们，谈到"童年"，你们一定会马上联想到一个字——玩，是的，玩是孩子们的天性，是孩子们童年最快乐的事。

2. 来，都说说你们童年最爱玩什么！

（转述学生的话：①你说你最爱玩捉迷藏；②你爱玩"老鹰捉小鸡"的游戏；③你爱玩跑跑抓。）

3. 你瞧，谈到玩，大家的小眼睛都会发光，而有一个人也爱回忆童年的游戏，回忆起童年玩时的情景，她的心中就会充满快乐、骄傲与希望！

4.她是谁呢？是的，她就是著名的作家冰心奶奶。她最善于写童年了，她曾经在作品中这样写道："童年呵，是梦中的真，是真中的梦……"

5.那今天就让我们走进这如梦般的童年故事吧！齐读课题——肥皂泡。注意："皂"字是本课的生字，上下结构，书写时注意布局要合理，和老师一起书写。

【要点提示：此环节为导入环节，用时1~2分钟。教师的语言要有情境感，一下子把学生的学习兴趣调动起来，让童年的游戏在学生脑海里浮现，把童真与童趣立刻带入课堂。】

（二）质疑"玩"法，巧过渡

1.同学们，冰心奶奶回忆了她童年的什么乐事啊？是的，那就是吹泡泡。

2.大家都玩过吹泡泡吧？咦，冰心奶奶那个年代玩吹泡泡和我们现在有什么不同呢？

3.是啊，最大的不同就是得自己亲手制作泡泡水。那也是玩的一部分啊！同学们，想学学怎么制作吗？赶快走进课文第三自然段，和冰心奶奶一起学习学习吧？

【要点提示：此环节为过渡环节，用时1分钟。教师引导学生将现在的玩法与过去的玩法进行比较，发现最有趣的部分，也就是手制玩具，让学生带着兴趣进入第三自然段的阅读，直奔重点段教学。】

（三）实践"玩"法，学语言

1.现在请大家默读课文第三自然段，边读边画出如何制作泡泡水的语句。

2. 谁来读读？你说说制作泡泡水哪个动词最重要！是的，"和弄和弄"。请同学们注意"和"是一个多音字，联系文本在这里它表示搅拌、掺和的意思，所以应该读"huò"，读"和弄和弄"。

3. 这"和弄"到什么程度？快速找到一个关键词——黏稠。这黏稠度可重要了，依据大家玩的经验，太黏的，泡泡就太重吹不起来；太稀的，泡泡就无法成型啦！

4. 看来，制作泡泡水那可是细致活啊！玩也要玩出水平！冰心奶奶是怎么吹泡泡的呢？大家再次默读第三自然段，圈出描写她玩肥皂泡的动词，读一读，想一想，待会儿咱们就要来一场吹泡泡大赛啦！

5. 我们一起来说说这些动作是：蘸、吹、提、扇。这就是冰心奶奶那时候玩肥皂泡的方法啊！大家尝试着边读边做做这些动作，体验一下，体验完大家来分享一下你吹出最大最美的泡泡有哪些秘诀。

6. 我们找找咱们班最厉害的"吹泡泡达人"在哪里，谁来介绍介绍？

（转述学生的话：是的，首先要调制出黏稠适中的泡泡水，这很重要；然后要用一支竹笔套管蘸上泡泡水，一定要慢慢吹。）

请问，为什么要"慢慢"吹呢？

（转述学生的话：要让空气慢慢进入肥皂水中，才不会一下子吹破。）

非常有经验，说得有理有据！继续介绍。

（转述学生的话：吹到泡泡差不多大小时候，要轻轻地一提。）

为什么要"轻轻一提"？

（转述学生的话：这样泡泡的外壁才会从竹管上自然脱落，太急会让空气冲破泡泡，那就白吹了！）

看来，你很有研究啊！真是玩中有思考。

（转述学生的话：如果想让泡泡飞得更高，还可以用扇子在下面轻轻地扇。）

7. 同学们才读了一两遍第三自然段，就可以把吹泡泡的方法说得如此细致，这既说明了冰心奶奶写得细致到位，又体现了大家能用联系生活经验的方法理解课文。（板书：联系生活）真棒！这就是学习，阅读思考需要不断运用自己大脑中存储的旧知识与旧经验，这样你就会很快读懂一段话的意思了。

8. 冰心奶奶仅仅告诉我们怎么吹泡泡吗？她还向我们介绍了她是怎么玩的，在玩中看到了什么，想到了什么。请大家自由朗读课文第四自然段，这一段中冰心奶奶可玩出了许多美丽的泡泡，说说你最喜欢哪一种？为什么？开始朗读吧！

9. 我们来欣赏美丽的泡泡吧！一起朗读这一段，谁来说说你最喜欢哪个泡泡？

（1）你说你最喜欢的是"五色的浮光，在那轻清透明的球面上乱转"。

（出示图片）瞧，多美的泡泡呀！像这样，颜色丰富而且还有光泽就叫"五色的浮光"。

可是它为什么会在球面上乱转呢？（出示动图）谁查过资料来给大家介绍一下？原来，液体的流动导致肥皂泡薄膜厚度的细微变化，因此薄膜上的彩色斑纹也随之流动。（板书：查用资料）

多么神奇呀！来，快把你观察到的肥皂泡读给大家听——五色的浮光，在那轻清透明的球面上乱转。继续交流你喜欢的肥皂泡。

（2）你说你最喜欢的是"一个大球会分裂成两三个玲珑娇软的小球，四散分飞"。

哎呀，看到漫天飞舞的小泡泡，来，一起抓，抓到了吗？哪个词告诉你一抓就破？

（转述学生的话：四散分飞。）

谁能用词义相加法描绘一下，玲珑是什么样的？娇软又是什么样的？

（转述学生的话：玲珑指泡泡娇小灵活，而娇软指它非常软嫩，一碰就会破。）这两个词准确、生动地描绘出了漫天飞舞的泡泡的形态、质感、动态之美啊！

（3）有的同学还喜欢文中描述到的"这脆薄的球，会扯成长圆的形式，颤巍巍的，光影零散"的泡泡。

依据你的经验，说说为什么会有这样的泡泡呢？

（转述学生的话：有的同学说是扇子扇得太猛，使泡泡上的水分流动起来，泡泡自然就变成"颤巍巍"的了。）

大家看，这是老师找来的录像，里头可以找到你们心中想到的、文中写到的泡泡，我们赶快来找找。

（转述学生的话：你找到"颤巍巍"的泡泡。）展开想象，联系生活，说说它好像什么？

（转述学生的话：①你说它好像一位走路缓慢的老爷爷；②你说它好像正生气得全身发抖的人；③你还找到了，这就是四散分飞之后的小球。多像一粒粒小珍珠啊！你还找到了"双胞胎"，你还找到了"姐妹花"……）

（4）就这样一边读一边想象画面（板书：想象画面），我们仿佛走进了冰心奶奶的童年，走进了那美好的瞬间啊！读——这时大家都悬着心，仰着头，停着呼吸，——不久，这光丽的薄球就无声地散裂了，肥皂水落了下来，洒到眼睛里，大家都忽然低了头，揉出眼泪。

（5）孩子，如果是你"悬着心，仰着头，停着呼吸"，你在想什么呀？

（转述学生的话：①你在想"我的泡泡别破！别破！飞得高高的"；②你在想"我可爱的小泡泡，你是最美丽的，你要飞得最高最远"；③你也在想"小心啊！别撞到别的泡泡，看路，仔细飞，飞得又圆又高"。）

（6）可是，孩子，最终泡泡还是碎了，那揉出的眼泪是代表着什么样的心情呢？

（转述学生的话：①你觉得眼泪代表着快乐，因为泡泡没了，希望还在；②你觉得有点伤心，因为小孩子总是希望自己吹出来的泡泡最大，飞得最高；③你认为这眼泪有喜有忧，喜在吹泡泡是很有趣的游戏，破了可以再吹，而忧是因为每一次我都希望自己这一次吹出的泡泡最大，飞得最远，但是一破，就有点失望。）

总结：同学们，你们道出了冰心奶奶童年的心声！冰心奶奶也用她的文字道出了你们童年的心声！这就是文字的魅力，这就是阅读的快乐！

【要点提示：此环节为重点段落教学环节，用时 10 分钟。教师用充满童趣的语言带着孩子们走进课文，在玩中不知不觉地学习，走进文字背后的趣与情。在一次次朗读与思考中，引导学生用联系生活、想象画面、查用资料等方法理解一些难理解的语句，从而感受到冰心奶奶笔下的童年之乐。】

（四）寄托"玩"梦，延续思

同学们，冰心奶奶说："童年呵，是梦中的真，是真中的梦……"今天，我们走进她的文字中，真切地感受到了她对童年的美好回忆。她在泡泡身上寄托了怎样的梦？她给予了童年什么样的梦想呢？继续学习之后，你一定会有所发现与思考！

【要点提示：此环节为结课环节，用时 1~2 分钟。教师运用唯美的语言回扣导入环节中冰心的话语，以"梦"导入，以"梦"结束，让片段教学首尾呼应，如有入梦出梦之感，进而使学生的思考延续。】

四、板书设计

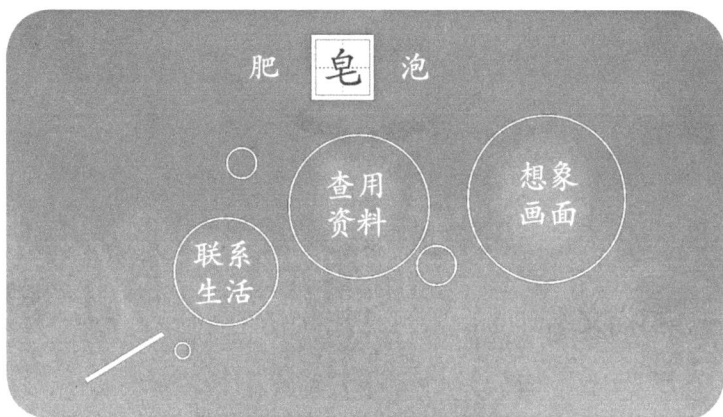

11

统编版三年级下册

《海底世界》

薛米　执教

一、扫描文本

　　《海底世界》是统编版小学语文三年级下册第七单元的第二篇精读课文。这是一篇介绍海底世界的科普性课文。文中没有华丽的辞藻，没有刻意雕琢的痕迹，用真切流畅的语言拉近了读者与自然的距离。作者的描写生动形象，为读者描绘了一个景色奇异、物产丰富的海底世界，遥远的海底世界仿佛就呈现在我们眼前。

二、教学速构

（一）教学内容

课文 1~3 自然段。

（二）教学目标

1. 正确、流利地朗读课文，了解课文脉络，能说出课文是从哪几个方面来表现海底世界景色奇异和物产丰富两个特点的。

2. 理解"窃窃私语"等词语的意思，体会它们的表达效果。

3. 激发学生对海底世界的好奇，和探索大自然的兴趣。

（三）教学重难点

了解课文脉络，能说出课文是从哪几个方面来表现海底世界景色奇异和物产丰富两个特点的。

三、教学流程

（一）激发兴趣，导入课文

1. 孩子们，今天我们来当一次潜水员，一起游到大海深处探秘吧，你最想了解海底的什么奥秘？

（转述学生的话：①你想知道海底到底有多深；②你想知道海底有什么生物；③你想知道海底是不是有童话中的美人鱼。）

就让我们潜入深海，去探寻海底世界的秘密。（板书：海底世界）

2. （指导书写"底"）注意"底"字，这个点，原来写作横，表示停止，如果不停止，说明还没有到底。可别把它丢掉啦。

3. 一起读课题——海底世界。

【要点提示：此环节为导入环节，用时 1~2 分钟。教师创设潜水情境，用提问激发学生的好奇心，让学生带着探索热情走进文本。】

（二）初读课文，理清脉络

1.潜海之前，老师请大家猜猜：大海深处离海面有多远？

（转述学生的话：①你觉得有 500 米；②你猜有 3000 米。）

告诉你们，大海最深处离海面有一万多米，把世界上最高的山峰珠穆朗玛峰放进去也绰绰有余！

2.距离我们如此遥远的大海深处是什么样的呢？（板书：？）我们一起到课文中去寻找答案吧。打开书本，放声读课文，边读边想海底是个怎样的世界？

3.谁来说一说，海底是个怎样的世界？

（转述学生的话并板书：景色奇异　物产丰富。）

4.作者具体从哪些方面，表现海底景色奇异、物产丰富？

（转述学生的话：环境宁静黑暗、动物窃窃私语、动物活动多样、植物差异很大、矿产资源丰富）

（板书：宁静黑暗　窃窃私语　植物　动物　矿物）

5.小结：原来课文在开头提出问题，在结尾做出回答，一问一答，首尾呼应，中间再从多个方面详细描写，把海底世界景色奇异、物产丰富的特点写明白。

【要点提示：此为过渡环节，用时 1~2 分钟。利用板书，把课文结构层次直观呈现在学生眼前，学习本文层次清晰的写法特点。】

（三）品读文章，感受奇异，学习表达

听、读学文，感受奇异

1.听老师读第二自然段，闭上眼睛想象画面，待会说说你的感受。

（转述学生的话：你感受到了海底非常宁静。）

我也感受到了海底宁静的特点，即使海面上波涛澎湃，海底也依然很宁静。

你们见过"波涛澎湃"的海面吗？瞧！（出示课件，手指屏幕）一个接一个的巨浪相互撞击着，多么有气势啊！无论海面怎么汹涌澎湃，海底依然很宁静。（出示海底图）多么奇异呀，让我们读出他们的截然不同。

2. 为什么会这样？

（转述学生的话：你从课文中找到了答案：最大的风浪，也只能影响到海面以下几十米深。）

3. （出示课件：阳光射不到海底，水越深光线越暗，500 米以下就全黑了。）

眼见为实，我们往下游去看看吧。（手指屏幕）不仅风浪影响不到深海，连阳光都很难射进。小潜水员们，快跟紧我，到达水下 200 米了，光线暗了些，潜得越深，光线——（学生：越暗），再深一点 400 米了，几乎看不见前面了。到 500 米了，环顾四周，一片漆黑。看到这景象，小潜水员，你有什么感觉？

（转述学生的话：①你觉得周围好黑；②你觉得非常恐惧。）

4. 在这一片黑暗中，生活着会发光的深水鱼，见过吗？老师带来了它们的视频资料。你有什么感觉？

（转述学生的话：①你觉得像繁星点点真美丽；②你觉得海底世界真是奇妙；③你感到好意外，居然还有会发光的生物。）

带着这种感觉，读一读。

（出示课件：在这一片黑暗的深海里却有许多发光的深水鱼像闪烁的星星，那是有发光器官的深水鱼在游动。）

聆听"窃窃私语"，学习独特表达

1.刚才我们一起了解了海底的光线变化，感受了海底景色的奇异。那海底这么黑暗宁静，是不是就一点声音也没有呢？谁能用课文中的话来说一说？

（转述学生的话：海底的动物常常在窃窃私语。）

2."窃窃私语"是什么意思？你跟同桌表演一下。像这样，只有他能听到、其他人都听不到的私下小声说话，就叫"窃窃私语"。

3.不仅人类能窃窃私语，大自然中的万事万物发出声音，也可以用上"窃窃私语"。

我们一起来看这句话。（出示课件：夏夜的草丛中，＿＿＿＿＿＿。）

谁能用上"窃窃私语"说这句话？

（转述学生的话：夏夜的草丛中，虫儿在窃窃私语。）

4.课文里海底动物也在窃窃私语呢，要想听到他们的悄悄话，还得用上这个秘密武器——水中听音器。（出示课件：听音器图片）瞧，海洋工作者正在倾听海底的动静。

5.他们听了哪些声音？从第三自然段找找。

（转述学生的话：嗡嗡、啾啾、汪汪、打呼噜。）

我也听到了这些声音，写下了这么一句话，老师写的这句和书中有什么不同，哪句更好些？"你用水中听音器一听，就能听见各种声音——嗡嗡、啾啾、汪汪、呼噜。"

（转述学生的话：你觉得课文把海底动物发出的声音跟我们熟悉的陆地上的小动物的叫声来比较，听起来很亲切很熟悉。）

带着这样的感受读句子。读出亲切，读出喜欢。

6.我们配合着读读这四种声音，我的手势高低表示声音的大小，准备好了吗？发现了吗？（转述学生的话：你发现这些声音一个比一个响。）

看来，作者的表达非常有序，把四种声音从小到大地排列出来。

7. 海底还能听到哪些声音？谁能仿照课文的句式说一说？

（课件出示句式："如果你用上特制的水中听音器，就能听到各种各样的声音：有的像____，有的像____，有的像____……）

（转述学生的话：如果你用上特制的水中听音器，就能听到各种各样的声音：有的像小猫喵喵，有的像鸭子嘎嘎，有的像喇叭嘀嘀。）

8. 是啊，海底的动物还会发出许多的声音，作者没有全部写出来，而是用什么来表示？（学生：省略号）

9. 而且啊，不同的动物发出的声音不同，就算是同一种动物在不同的时候发出的声音也不同。（引读）它们吃东西的时候发出——行进的时候——遇到危险的时候——

10. 像这样神奇有趣的海底动物你们认识吗？（课件出示：课外资料）

石首鱼就有这样的本事。它以善叫而闻名，有时候发出碾轧声，有时候发出打鼓声，还有蜂雀的飞翔声、猫叫声和呼哨声。一种鱼就能发出这么多种的声音，多神奇呀！

11. 海底怎么会有这么多声音呢？（学生：鱼多、种类多）用上课文中的词？（学生：物产丰富）

12. 小结：这段的前两句先介绍了海底有很多声音，后面才具体介绍有哪些声音。先概括，后具体，让句与句之间的联系更紧密，仿佛给我们展现了一场别开生面的海底音乐会。

13. 让我们捧起书本，用朗读奏响这奇妙的乐章。一起读第二、三自然段。

【要点提示：此环节为重点段落教学环节，用时 10 分钟。此环节的教学要引导学生从海面波涛澎湃、海底却黑暗宁静，海底虽然黑暗、但也有点点光亮，海底虽然宁静、但动物仍在窃窃私语，这三个方面感受海底世界的奇妙。此外，还要学习文章的表达，感受比喻的生动和"窃窃私语"的表达效果，由此让学生体会到海底世界的奇妙有趣。】

（四）点题，结课

时间过得太快了，我们的潜水之旅要暂时停一停了。这节课上，我们一起观赏了前所未见的海底世界，相信海底黑暗宁静的环境、窃窃私语的动物给大家留下了深刻的印象。如果你还想继续探索，可以在课后查阅海底的相关资料。下节课我们再继续潜游这景色奇异、物产丰富的海底世界。

【要点提示：此环节为总结延伸，用时 1 分钟。教师在此环节要总结板书内容，强调海底景色奇异、物产丰富的特点。】

四、板书设计

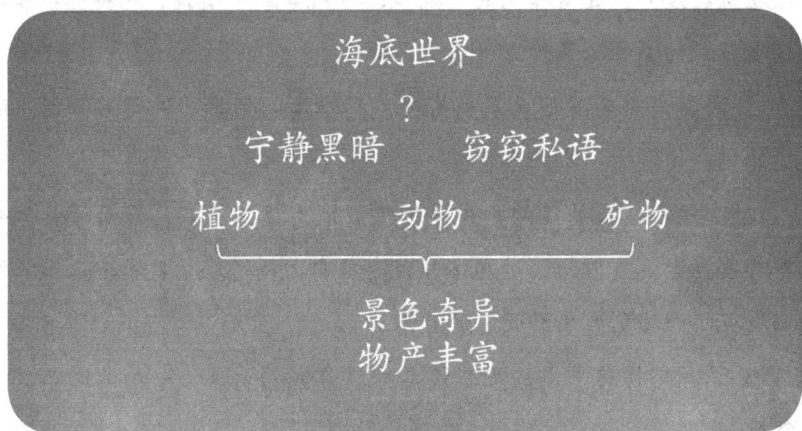

12

统编版三年级下册

《慢性子裁缝和急性子顾客》

王云琴　执教

一、扫描文本

　　《慢性子裁缝和急性子顾客》是统编版小学语文三年级下册第八单元的第一篇精读课文。故事讲了在一个冬天，一个性子很急的顾客想做一件棉衣，遇到了一个性格截然相反的慢性子裁缝让他到明年冬天来取。由于急性子的顾客想尽快穿上新衣，一次又一次地改变要求，把冬装改成秋装，又改成夏装，最后改成春装。而每一次要求，裁缝都不紧不慢地满口答应，因为布料还在柜子里一动没动，他什么都还没开始做呢。这个故事以对话形式展开，人物特点鲜明，讽刺了急性子的人做事过于浮躁，慢性子的人工作效率太低。

二、教学速构

（一）教学内容

课文 1~13 自然段。

（二）教学目标

1. 学写"性"字，理解相应的词语。

2. 分角色朗读课文，读出裁缝和顾客对话的语气，通过人物对话感受其性格特点。

（三）教学重难点

分角色朗读课文，读出裁缝和顾客对话的语气，通过人物对话感受其性格特点。

三、教学流程

（一）性格入手，揭题激趣

1. 上新课前，老师想请大家一起来看看这个字"性"，谁会读？

2. 是的，它是后鼻音，要读准。一起读。

3. 观察一下，这个字左边是"竖心旁"，右边是"生"，发现了吗？从心而生就是"性"。伸出手跟老师一起写这个字，要注意左高右低，左窄右宽。我们常说江山易改，本性难移，每个人从出生起，就已经有了自己特有的性格特点。比如说，有些人总是急躁，讲话速度快，做决定也特别快，常常没有思考清楚就要立马行动，不愿意等待，这样的人我们说他是急性子。还有一些人态度和蔼，容易相处，办事讲究质量，但速度较慢，这样的人通常是慢性子。

今天咱们就来学习——（板书课题）慢性子裁缝和急性子顾客。

【要点提示：此环节为导入环节，用时2分钟。教师以"性"字导入，让学生充分理解不同的性格特点，让学生明白不同性格特点会体现在人的言行举止上，为理解课文做好铺垫。】

（二）多元读题，感受性格

1. 谁愿意来读读课题，用朗读让我们感受一下他们不同的性格特点。一个急性子和一个慢性子在一起会发生怎样有趣的故事呢？咱们赶紧一起走进故事吧。

2. 故事发生在冬天，裁缝店里走进了一位顾客。

【要点提示：此环节为过渡环节，用时1分钟。通过对题目的多元朗读，读出不同性格的特点，为读好文章的对话奠定基础。】

（三）抓住特点，品读对话

1. 接下来请同学们自由读1~13自然段，边读边想急性子顾客有什么要求？慢性子裁缝的反应是什么样的？

2. 谁来说说急性子顾客有什么要求呢？

（转述学生的话：你知道原来他想做件棉袄。）

3. 从哪里看出他是个急性子的人？

（1）请问师傅，您准备让我什么时候来取衣服——秋天？夏天？春天？……

（转述学生的话：①一连三个问号，三个问句让你感受到顾客一次比一次急切，急着要答案，急着拿衣服；②从一个省略号中你感受到这个顾客语速快，表达急，噼里啪啦一通说；③是呀，他问师傅什么时候可以取衣服时，都等不及裁缝回答，他就三连问——秋天？夏天？春天？确实够急的。）

（2）顾客噌的一下子跳起来："这么慢啊！"

（转述学生的话：①从"噌的一下子跳起来"这个动作你感受到顾客的急性子，所以反应快，动作大；②这个感叹号让你体会到这句话几乎是他叫出来的，说明他语气急，语调高。）

（3）顾客说："那当然。我可不愿意把新衣服藏在箱子里。"

（转述学生的话：①这句话让你仿佛看到急性子的顾客有了新衣服就迫不及待要穿出来的样子；②从"那当然""我可不愿意"这些语句让你感受到了顾客不愿意等待，甚至觉得不等待是理所当然的。）

（4）"那就算啦，我还是去找刚才的师傅吧。"顾客夹起布料就要走。

（转述学生的话：①从夹起布料就要走的动作，你感受到他的性子急，话没说两句，说走就要马上走；②从"那就算啦"你体会到顾客一刻都不愿意耽误，做决定特别快，这性子真够急的。）

4. 这些都是急性子顾客说的话，你能选一句试着读出急性子顾客的"急"脾气吗？（课件出示句子）

5. 同学们可真会读书啊！能够通过标点、语言、动作，感受人物的性格特点，还能把对文本的理解用自己的朗读表现出来，真是了不起！（板书：标点、语言、动作）

6. 但是，这位如此急性子的顾客，偏偏遇到了一位慢性子的裁缝。接下来请用刚才学习的方法，小组交流，课文第一部分的哪些语句让你感受到慢性子裁缝的慢。

7. 传神的朗读往往能把无声的文字转换成一个个鲜活的画面，下面请两个同学分别扮演裁缝和顾客读第一部分，让我们现场感受一下急性子顾客的急脾气和慢性子裁缝的慢条斯理。

【要点提示：此环节为重点段落教学环节，用时 10 分钟左右。分角色朗读课文，注意读出裁缝和顾客对话的语气，是本课训练的重点。要落实此训练点，在教学中要让孩子学会抓住标点符号和文中的关键语句，通过人物的动作、语言体会人物的性格特点，从而读出急性子顾客急的语气，然后用同样的方法迁移学习慢性子裁缝的慢，分角色朗读就水到渠成了。】

（四）总结学法，尝试复述

1. 同学们，这节课咱们认识了一个慢性子的（裁缝）和一个急性子的（顾客），知道了性格特点决定言行举止，言行举止又体现了一个人的性格特点。学习课文时抓住关键标点符号及描写人物言行举止的语句，可以帮助我们更好地了解人物特点，读好人物对话。

2. 学习语文就是内化课文语言，学习表达的过程。请同学们今天回家用自己的话，把课文的第一部分内容说给家长听。

【要点提示：此环节为总结延伸，用时 1 分钟。教师在此环节要总结板书内容，并提炼学法，将学法延伸至课文后面几个部分的学习中。在指导学生理解文本、分角色朗读的基础上，让孩子课后尝试复述课文第一部分。】

四、板书设计

慢性子裁缝和急性子顾客

标点

语言

动作

性

13

统编版三年级下册

《漏》

游伟 执教

一、扫描文本

　　《漏》是统编版小学语文三年级下册第八单元的第二篇精读课文。本单元的语文要素是了解故事的主要内容，复述故事。关于复述，《义务教育语文课程标准》中年段阅读目标作如下描述："能复述叙事性作品的大意，初步感受作品中生动的形象和优美的语言，关心作品中人物的命运和喜怒哀乐，与他人交流自己的阅读感受。"鉴于低年段对复述已经有"能复述大意和自己感兴趣的情节"的能力要求，因此，本课将在此基础上，对学生复述能力的要求会再提升，体现在：一、认识人物角色，准备复述；二、图文结合，方便复述；三、掌握故事规律，更好复述。

二、教学速构

（一）教学内容

全文。

（二）教学目标

1.会读"婆、脊、贼"等8个生字，指导写"漏"字。

2.默读课文，了解故事的主要内容，学习复述故事。

3.分角色朗读课文，体会故事的趣味。

（三）教学重难点

了解故事的主要内容，学习复述故事。

三、教学流程

（一）谈话导入，解课题

1.同学们喜欢听故事吗？（转述学生的话：都喜欢啊！）

为什么喜欢呢？（转述学生的话：①你是被故事有趣的情节吸引；②你是觉得故事中的人物很可爱……）

2.今天，老师将带领大家一起走进一个有趣的故事，这个故事名字叫作《漏》。"漏"是一个生字，请大家跟着老师一起书空。（边板书课题，边讲解）屋子里居然进"雨"了，这"雨"是怎么进来的？哦，从缝隙里流进来的。对，这就是"漏"的意思。

【要点提示：此环节为导入环节，用时2分钟。从故事导入，引

导学生关注故事中的人物或是故事情节，为后续抓住关键点复述故事做铺垫。解题并指导学生写生字"漏"。】

（二）初读课文，认角色

1. 虽然这个故事的题目只有一个字，但是故事却很长，需要我们认真读。请看自读提示。

（1）默读课文，给每个自然段标上序号。

（2）认真思考：老爷爷和老婆婆说的"漏"是指什么？老虎和贼说的"漏"指的又是什么？

2. 这个故事有趣吗？如果你想把它分享给没看过这个故事的人，比如说爸爸妈妈，你会用什么方式？

（转述学生的话：①你想推荐他们也看这本书？好主意。②你想把里面的故事讲给他们听……）

对，用自己的话把故事讲给别人听，就叫"复述"。（板书：复述）

3. 复述这个故事真的很难，谁来试试看？（点评提示学生复述难点）讲不下去了。看来这篇故事很困难，对吗？请坐。因为：（出示课件）

字数统计：1067 个字

段落统计：20 个自然段

角色统计：老公公、老婆婆、虎、贼、驴、"漏"。所以，想要复述好这个故事，先要认清角色。（板书：认角色）

【要点提示：此环节为过渡环节，用时 3 分钟以内。课文篇幅很长，人物多，情节变化大，对于三年级学生的阅读有一定的难度。要引导学生带着问题初读课文，把握"漏"在不同人物眼中不同的感受，初步感知课文内容。阅读不容易，复述更难。让学生尝试复述，既可以了

解学生学情，又可以让学生体会困难，激发学生学习复述的欲望。】

（三）选择趣点，分块说

1. 复述时认清角色后，还有困难，对吗？别急！下面，请同学们再次快速地把故事浏览一遍。故事中哪些内容你觉得最有意思，选择一处分块说一说。（板书：分块说）

2. 谁先来说呢？听你说。

（转述学生回答：你觉得结尾老公公和老婆婆在说"漏"的时候最有意思，那就把这个部分说给大家听一听吧！天亮了，老公公和老婆婆起床了。他们看着屋顶上漏下的雨滴，叹了一口气说："唉，说怕漏，偏就漏雨了。"）

哦，故事读到这里，我们才知道，把老虎和贼都吓跑的"漏"原来是"漏雨"的"漏"！真有趣啊！其实故事的开头老公公和老婆婆也谈到了"漏"，对吗？

请两位同学分角色读读这个部分，读出故事的趣味来！

（根据学生的交流，适时出示课件中的事件关键词及地点图片，呈现故事有趣的部分。）

【要点提示：此环节为重点段落教学环节，用时6~7分钟。鉴于低年段对复述已经有"能复述大意和自己感兴趣的情节"的能力要求，本环节将复述整个故事拆解为分块复述有趣之处，给学生逐级而上的阶梯。在每个故事的节点中，学生复述前都进行分角色朗读，既是落实课后第二题的目标要求，也是给学生熟悉故事情节，为复述全文做铺垫。】

（四）梳理情节，按序说

1. 你瞧，刚刚大家分块进行复述，把故事中有趣的部分都复述出来了。不过，这样复述可没有顺序，如果大家能按照一定的顺序进行复述，就更加有条理了。（板书：按序说）

2. 你瞧！这些关键词没有顺序，请你根据故事的发展顺序进行调整。（模拟学生拖拽关键词，出示：失足、相撞、狂奔、撞翻、虚脱）

这个顺序对吗？（转述学生的话：是的，这就是故事发展的顺序。）

3. 在故事发展的过程中，地点也在不断发生变化。（课件出示地点图片：山上、山下、驴圈、屋顶、歪脖老树跟前、山坡）

（学生根据情节变化进行地点图片的匹配，利用希沃白板拖拽功能）

4. 接下来，请大家借助黑板上的示意图进行同桌轮流复述。

5. 谁愿意来尝试复述？（通过老师的评价展示学生的进步和变化）你看，他借助黑板上图片和文字的提示，把故事复述得多有意思啊！

【要点提示：此环节为重点段落教学环节，用时3分钟。本环节结合课后第三题展开，借助上一环节产生的关键词形成文字提示，让学生按照故事顺序摆放，梳理故事发生的先后顺序。接着，借助故事发生的地点，完善"图文结合"的图示支架，引导学生看图复述，降低复述的难度。】

（五）掌握规律，更好说

1. 其实，这个故事中还藏着两个很有意思的规律呢！如果大家能够发现这两个规律的话，复述故事会更容易！

2. 请再把课文认真快速浏览一遍，看看你有什么新发现？

（转述学生的话：你发现了第一个规律：老虎的位置总是在下方，贼的位置总是在上方。）还真有这个规律呢！在故事开头老屋的时候、逃跑的时候、遇到老树的时候，都是这样。

你还有发现？

（转述学生的话：这第二个规律是老虎和贼互相认为对方是"漏"。老虎认为贼是"漏"，贼认为老虎是"漏"。）

3. 相信大家掌握了这两个规律，复述起故事来会更简单。如果想把故事讲得更生动，可以记住更多故事的细节，在讲的时候表演出来，那样会让复述更精彩！（板书：找规律）

4. 布置作业：今天回家之后，把这个故事讲给爸爸妈妈听！

【要点提示：此环节为总结环节，用时 2 分钟。这个故事情节比较复杂，学生在复述全文的时候会遇到较大的困难，除了给学生图示支架，按顺序复述之外，这个环节旨在帮助学生概括规律，在每次故事地点、情节发生变化时，依据规律进行复述，降低复述的难度。最后请学生回家将故事复述给爸爸妈妈听，既是对习得能力的巩固，也是增进亲子交流的举措。】

四、板书设计

漏

复述　认角色
　　　分块说
　　　按序说
　　　找规律

14

统编版四年级下册

《乡下人家》

邓倩倩　执教

一、扫描文本

《乡下人家》是统编版小学语文四年级下册第一单元的第二篇精读课文，这是一篇优美的写景散文。读着课文，我们仿佛被作者牵领着走过房前院后，经历春夏秋季，漫步白昼黑夜。这里的一切是那么自然质朴，那么亲切祥和，让人不禁吟诵起"黄四娘家花满蹊，千朵万朵压枝低"，抑或"一水护田将绿绕，两山排闼送青来"。远离喧嚣，回归自然，多么美好又充满诗意的乡村生活，让人身体沉浸，更让人心灵沉静。热爱生活的乡下人家，用自己勤劳的双手装点家园，更装点了美好的生活。

二、教学速构

（一）教学内容

课文 1~4 自然段。

（二）教学目标

1.会认"藤、檐"等6个字，区别多音字"率"，学会写"率"。

2.有感情地朗读课文，感受乡村生活的美好。

3.学习抓住关键词句，体会作者通过描写与乡下人家生活紧密相关的景与物，表达对乡村生活的热爱与向往。

（三）教学重难点

1.有感情地朗读课文，感受乡村生活的美好。

2.学习抓住关键词句，体会作者通过描写与乡下人家生活紧密相关的景与物，表达对乡村生活的热爱与向往。

三、教学流程

（一）移步换景，走近美

1.（板书：乡下）同学们，读一读这个词，你仿佛看到了什么，听到了什么，又想到了什么？

（转述学生的话：①你看到了依山傍水；②你听到了鸡犬相闻；③你想到了炊烟袅袅。）

2.是呀，作为城里上学的孩子，见多了高楼林立、车水马龙、灯火辉煌，乡下似乎离我们很远。从你们的描述里，我感觉到了乡下是静谧的，是清新的。你们想知道作家陈醉云笔下的乡下人家是什么样吗？（想！）（板书：人家　静——）

3. 请跟我走吧！现在就出发！全体起立，音乐响起（播放音频《快乐老家》，边跟随背景音乐播放图片"城市慢慢转换到乡间"，边做动作）。

4. 我们到啦，你们瞧……哇！这就是《乡下人家》。

【要点提示：此环节为导入环节，用时 2 分钟，现在的学生大多生长在城市，为了让他们有身临其境之感，教师可以配着旋律做出漫步乡间的动作，勾起学生的好奇心，拉近他们的内心与乡村的距离。】

（二）梳理画面，感知美

1.（课件出示：四幅图。）刚才，踏着乡间小路，哼着乡间小曲，看着乡间掠影，你们最喜欢哪一处？（转述学生的话：①你喜欢房前瓜果；②你跟他的想法一样。有不同的吗？③你喜欢屋前种花。）

2. 你们猜猜，作者最喜欢的风景是哪一处？

（转述学生的话：①你猜是竹林春笋；②你猜是河中戏鸭；③你认为乡间所有的风景都是作者的最爱。）

3. 哈哈，你是怎么知道的？因为文中写到（课件出示：乡下人家，不论什么时候，不论什么季节，都有一道独特、迷人的风景。）

4. 全班齐读这句话，这里的独特是什么意思？

（转述学生的话：你说是独一无二的。）那迷人呢？（转述学生的话：你觉得是让人无限陶醉的。）

5. 真的如作者所说的这样吗？那么，乡下人家的一道道风景，到底独特、迷人在哪儿呢？一起去文中找找答案吧。

【要点提示：此环节为过渡环节，用时1分钟，"猜"是小学生的天性，教师与其刻板地让学生去找中心句，不如用多彩的图画，结合课前预习，让孩子去"猜"，初步感受作者笔下描绘的乡下人家。】

（三）品读文字，找寻美

1.（课件出示）请同学们自由朗读第1自然段，画出描写乡下人家独特、迷人的词句。同桌交流，从圈画的词句中你体会到了什么？

2.清楚要求了吗？开始自学。

3.谁先来汇报你找到的那些独特、迷人的词句？

（1）你找到了这一句，（课件出示：青、红的瓜，碧绿的藤和叶，构成了一道别有风趣的装饰，比那高楼门前蹲着的石狮子或是竖着两根大旗杆，可爱多了。）

（2）说说你的感受。

（转述学生的话：①你从"青、红的瓜，碧绿的藤和叶"感受到了颜色美；②你从这句中还读出了运用了对比，是把石狮子、大旗杆跟瓜果、藤叶来比较。）

（3）石狮子、大旗杆，大家一定不陌生，咱们学校旁的广场上就有。可为什么作者要将它们拿来作比较？

（转述学生的话：你想到石狮子和大旗杆都是立在那儿不动，可藤叶在悄悄生长，然后开花结果，一直都充满生命力。）

（4）（板书：动——）你可真是个留心观察生活的同学，说得很好。就请你读一读这句话。

（5）大家闭眼想象一下，如果你们家也用这瓜果藤叶进行装饰，觉得怎么样？

（转述学生的话：①你期待每天发现藤叶的生长，看它们攀爬；

②你在想妈妈炒菜前，随手摘下成熟的瓜果，不出家门就能体验到采摘的乐趣。）

（6）门前的瓜架如此特别，又那样可爱，能通过朗读表现出来吗？谁来试试。一句"可爱多了"，读出俏皮的感觉。

4. 小结：这段话，我们联系生活，想象了画面；还对比感悟了瓜藤攀爬的独特、迷人。

5. 乡下人家，不仅有风趣的瓜架，还有许多令人眼前一亮的风景。（齐读合作探究的要求，课件出示：运用学法，默读课文第2~4自然段，感受乡下人家房前院后风景的独特、迷人；四人小组，交流讨论圈画词句。）

6. 以四人小组为单位，前后桌展开讨论，用独特的方式来汇报。

7. 你们小组打算以什么样的形式来汇报自学成果？

8. 交流汇报，这个小组的汇报形式是："考一考"。

（1）来到乡下人家的房前屋后，我们看到了他们种花种竹，你们可知这花和竹中，也藏着许多小秘密？你们发现了吗？（转述学生的话：你发现它们依着时令，按序开放。）

（2）你知道什么是时令？

（转述学生的话：你想起我们曾学过的《花钟》一课，将不同时间的花种在一起，就能按时间顺序依次开放。）

（3）花开的时令你还想补充？

（转述学生的话：你查过资料，芍药在4~5月开花，凤仙在6~8月开花，鸡冠花在7~12月，大丽菊则在6~7、9~10月开花。）

（4）这么看来乡下人家一年四季都有鲜花陪伴，如果你是乡下人家，心情如何？

（转述学生的话：①推开家门，即可赏心悦目；②看花开，闻花香，天天都开心。）

（5）都说女子貌美如花，先请一个女生把乡下人家快乐的心情读出来吧！

（课件出示："有些人家，还在门前的场地上种几株花，芍药，凤仙，鸡冠花，大丽菊，它们依着时令，顺序开放，朴素中带着几分华丽，显出一派独特的农家风光。"）

（6）要想欣赏这些花，我们的脚步要慢下来，语速也放慢些，请全体女生都来读一读这句。这一遍好多了，尽管这些花没有华丽的包装，但在老乡们用心装点下，依时令绽放出了独特的美。

（7）绕过小屋，走向竹林深处，你们可找到了藏在竹林里的秘密？

（转述学生的话：许多鲜嫩的笋，成群地从土里探出头来。）

（8）原来啊，竹林里藏着生长的秘密。谁来读读这句？

（课件出示：几场春雨过后，到那里走走，常常会看见许多鲜嫩的笋，成群地从土里探出头来。）

（9）听你的朗读，我仿佛看到了好奇的小笋探头探脑的样子。你也想读？呀！这"小笋"是带着激动之情探出头来的。还可以怎么读？我听出来了，这"小笋"对外头的世界充满了渴望，真可爱。（引述：这些笋儿就像淘气的娃娃，在跟我们玩捉迷藏呢！）

（10）我看见有很多同学着急举手想读，就像这小小的"春笋"，一起带着你们迫切的心情来读读吧，全班齐读。

9.过渡：乡下人家房前屋后的植物生机勃勃，别有风趣。动物们也悠闲自得，各有姿态，你们瞧谁来啦？

10.这个小组汇报的形式是"演一演"。

（1）（一个学生读旁白，几个学生进行角色扮演）一边儿是房前"母鸡"率领"小鸡们"觅食；一边儿是场地前"公鸡"耸尾大踏步走来走去。（课件出示：从他们的房前屋后走过，你肯定会瞧见一只母鸡，率领一群小鸡，在竹林中觅食；或瞧见耸着尾巴的雄鸡，在场地上大踏步地走来走去。）

（2）同学们，他们演得怎么样？下面我们也扮演小老乡夸夸这些小动物，谁来夸？

（转述学生的话：①你说母鸡真慈爱；②你说公鸡特别尽职尽责。）

（3）演得确实不错，动作和表情很到位，惹人捧腹。现在请男女比赛读这一段，女生读母鸡这句，男生读公鸡这句。看看男生与女生哪边读得生动有趣。

（4）男生与女生都不甘示弱，读得都非常好，但你们发现了吗？这句话里还藏着个多音字呢！手举得真快！

（转述学生的话：你说是"率"！）你真是个火眼金睛，能带着大家读一读这个字吗？（课件出示：shuài 率领；lǜ 效率）

（5）会学习的同学，不仅会观察，还要会写呢。想把这个字写好，还要注意三点。（课件出示：三点图示法）

（6）跟着老师一起书空。

（课件出示）　上部紧凑

↑

率 → 左点提、右撇点不粘连

↓

下横宜长

（7）现在你们在书上空白处写一个。

（8）课后，我把同学们的字收集一下。看一看，比一比，谁写的字最美观。

（9）除了公鸡和母鸡，乡下人家还会养些什么动物呢？

（播放视频：画面内容"一群鸭子游戏水中，不时地把头扎到水下去觅食。即使附近的石头上有妇女在捣衣，它们也从不吃惊"。）你们瞧，这些动物和乡下人家一起，是多么和谐呀！（板书：静）

【要点提示：此环节为重点段落教学环节，用时10分钟，经典的作品总是在字里行间蕴藏着"语言的秘密"，让学生怀着好奇之心探寻语文知识、语言规律，指导学生入情入境地朗读，进一步感受作者心中向往的乡下人家。】

（四）发挥想象，创造美

1.无论是"瓜藤攀爬，别有风趣"，还是"鲜花轮放，朴中有华"；无论是"雨后春笋，探头探脑"，还是"鸡鸭觅食，自在和谐"，乡下人家处处美如画，句句情如诗，时时恬如梦。（板书：画 诗 梦。）

怪不得作者会感叹——（全班齐读）乡下人家，不论什么时候，不论什么季节，都有一道独特、迷人的风景。

2.同学们，你有没有想要赞美的一处独特风景呢？或许它淳朴、平凡，但在你的眼里却是独特、迷人的。课后拿起你手中的笔把它的美描绘出来吧。（课件出示：仿照课文的1~4段，可从不同方面加以具体描述，用一段话写下来。）

【要点提示：此环节为读写迁移教学环节，用时2分钟。乡下人家的质朴里有声有色，有静有动。在感受了作者如诗般的表达后，引导学生用善于发现的眼睛和勤快的笔头去描绘属于自己心中的醉美风景。】

四、板书设计

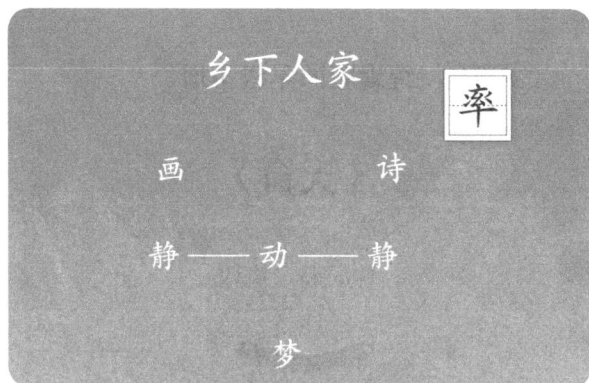

15

统编版四年级下册

《天窗》

林辰靓　执教

一、扫描文本

　　《天窗》是统编版小学语文四年级下册第一单元的第三篇精读课文，这是一篇回忆性散文。文章以作者童年生活为背景，既写了乡下房子开天窗的原因，也写了天窗带给孩子们的欢乐。在雨天里，狭小屋子中的天窗成了孩子们新的猎奇之地。天窗外的世界本没有什么特别，但正是由于这个四方框的"世界"，给了孩子们一个独特的想象空间。作者通过对孩子们顽皮可爱的动作、神态的描写突出天窗带给他们的兴奋，体现了天窗带给人的乐趣与慰藉，也表达了对纯真童年的怀念之情。

二、教学速构

（一）教学内容

课文 5~8 自然段。

（二）教学目标

1. 认识生字"慰、藉"。

2. 默读课文，理解天窗是孩子们"唯一的慰藉"的原因。

3. 能抓住重点词句，发挥想象，理解从天窗里从"无"中看出"有"，从"虚"中看出"实"的深层含义，体会天窗带给作者童年的快乐与自由。

（三）教学重难点

1. 默读课文，理解天窗是孩子们"唯一的慰藉"的原因。

2. 结合语句合理想象，理解句子中"无""有""虚""实"的含义。

三、教学流程

（一）认识天窗

1. 同学们，老师今天给大家带了一个字，看！这是什么字？窗户的窗。

2. 你们见过天窗吗？想看看什么样子吗？这就是——天窗。（出示图片，板书：天窗）小小的天窗就像通行证，连接着里外两个世界，充满神奇。今天，让我们一起跟随茅盾爷爷去看看天窗世界。（板书：茅盾）齐读课题。

【要点提示：此环节为导入环节，用时 1 分钟，教师通过由"窗"字想字义，然后出示图片引导学生认识天窗，从而走进文本。】

（二）看窗猜景

1. 下面请同学们默读课文，找找天窗给作者带来了什么。

（转述学生的话：①你说天窗带给人欢乐；②你说可以看见稀奇的东西；③你发现这句"小小的天窗是你唯一的慰藉"。）

2. 细心的同学还发现，这个句子出现了两次，可见它非常重要。

（转述学生的话：你昨晚查字典时发现这个词表示安慰的意思，你还发现"慰"字底下一颗心，慰藉就是用心的安慰。）观字形、查字义是我们理解词语的好方法。（板书：慰藉）

【要点提示：用时 2 分钟，引入本课重点句"小小的天窗是你唯一的慰藉"，理解"慰藉"的意思，过渡到下文学习。】

（三）窗中寻趣

我们发现"慰藉"这个词表示用心的安慰，下面请同学们默读课文 5~7 自然段，想一想在什么样的情况下，天窗成了孩子们内心里唯一的慰藉呢？

1. 下雨被关在家中时（板书：下雨时）

（转述学生的话：①你觉得是下大雨的时候；②你发现"扫荡"这个词说明外面如同战场一样，十分危险，雨很大、很急、很快，雷雨交加，突出屋内的安静，让我们可以平静地观看这场风雨之战；③你认为"扫荡"这个词是彻底、清楚的意思，说明这雨、这雷、这风的威力特别大。）（板书：风雨雷电扫荡）带着你的感受读出这种风雨交战的气势来。

这个"扫荡"换成"拍打"可以吗？（课件进行换词）大家想想看。老师在这里也给大家带来了两幅图，看！

（转述学生的话：你觉得不行，你感受到"扫荡"突出雨特别大、特别急，要彻底清除一个东西。"拍打"只是雨水滴在窗户上的样子，无法突出风雨雷电的威力很大。）

那你能读读这种紧张的场面吗？（学生读）这雨还不够大，你来试试。（学生读）

刚才他把这几个词读得特别快，关注了逗号的停顿，突出了下雨的急。

（转述学生的话：你还从他的朗读中发现"扫荡"这个词给人风雨肆虐的感觉，但是天窗却是最好的一层保护。）

多么有趣！让我们一起再把这句话齐读一遍，读出这种风雨雷电扫荡千军的气势。（齐读：你想象到这雨，这风，这雷，这电，怎样猛厉地扫荡了这世界，你想象它们的威力比你在露天真实感到的要大十倍百倍。）

2. 被逼休息的时候（板书：睡觉前）

（转述学生的话：你发现睡觉前天窗也成了最好的安慰。）睡前的天窗中到底有哪些不为人知的小秘密呢？下面请同学们默读课文7自然段，用横线画出孩子们从天窗中看到的画面，用波浪线画出他们自己想象的画面。

（转述学生的话：①你发现孩子们在天窗中看到的是一粒星，一朵云，一条黑影（板书：星、云、黑影）；②你发现作者想到了无数的星、无数造型奇特的云彩（板书：无数星云）；③你觉得作者有火眼金睛，还看到了蝙蝠、夜莺和猫头鹰（板书：动物）。）

为何看似普通的夜景在作者心中却能变成无数闪闪烁烁可爱的星，变成许多夜行的动物？

（转述学生的话：①你觉得此时他太无聊了，是被家人"逼着上床'休息'"，所以他把自己想看见的景象都投在天窗上；②你发现作者内心还是自由的，遨游于云间。）（板书：自由畅想）心有所想，"窗"有所成。躺在床上的孩子们，看着天窗，思绪飞得好远好远。

当他们看到一粒星，想到的却是——（学生读：无数闪闪烁烁可爱的星。）

当他们看到一朵云，想到的却是——（学生读：无数像山似的、马似的、巨人似的奇幻的云彩。）

当窗前掠过一条黑影，想到的却是——（学生读：也许是灰色的蝙蝠，也许是会唱歌的夜莺，也许是霸气十足的猫头鹰。）

孩子们的想象是丰富的，从那夜空中零星闪耀的微光、漂浮的云团和那灵动轻快的黑影，幻想出了一个美丽神奇的天窗世界。总之——（学生读：夜的美丽神奇，立刻会在你的想象中展开。）

天窗就像一个万花筒，随时会变化出令人惊喜的画面，那现在我们也拨动想象的万花筒，一起来想想作者在睡前又在天窗里看到了什么？

用这个句式进行回答：

你会从那小玻璃上面＿＿＿＿＿＿＿，想象到＿＿＿＿＿＿，

＿＿＿＿＿＿＿，＿＿＿＿＿＿＿。

（转述学生的话：①你会从那小玻璃上面的一朵厚厚的云，想象到这也许是陪伴嫦娥的玉兔，也许是陪唐僧西行取经的白龙马，也许就是那个大闹天宫的孙猴子；②你会从窗前的一棵杂草，想象到它刚发芽时的青嫩纤弱，它在暴风雨中的顽强生长，它成长中散发出的馨香。）

你们和作者一样都有着天马行空的想象力。

天窗虽小却给我们带来了许多神奇与精彩，所以作者说——（一起读）小小的天窗又是你唯一的慰藉。

【要点提示：此环节为重点教学环节，用时约 10 分钟。在语句引导中发现作者先具体后想象的写作规律。引导学生自己进行想象创作，进一步体会"唯一的慰藉"。】

（四）窗中获启

1. 屋外的一切本来都很普通，可是作者却看到了精彩，所以作者这样说，我们一起读：发明这天窗的大人们，是应得感谢的。因为活泼会想的孩子们知道怎样从"无"中看出"有"，从"虚"中看出"实"，比任何他看到的都更真切，更阔达，更复杂，更确实！

2. 这"无"和"有"，"虚"和"实"到底是什么呢？可以和小组的同学交流你的看法。

（转述学生的话：①你觉得这"无"是作者在天窗中看到的实际景象，"有"是作者想象到的景象；②你认为"无"就是透过天窗看到的风雨雷电、一粒星、一朵云、一条黑影（板书：无），"有"则是风雨扫荡，还有那无数星、无数云彩以及各种动物）（板书：◄─►有）；③你还觉得无数星、无数云彩这些事物原本都是"虚"的（板书：虚），你还认为天窗给被逼休息的孩子一个没人打扰的空间，虚的东西在脑海中也变成了真实的样子。）（板书：◄─►实）这就是天窗神秘而又神奇的地方。

3. 这时，天窗还是一个普通的小窗子吗？可以在书上批注。

（转述学生的话：①你觉得这个天窗是快乐的源泉；②你觉得这是思绪自由飞驰的天地。）总而言之，这就是一个想象的世界，给孩子们带来无限乐趣。（板书：无限乐趣）所以作者说（齐读）——这小小的天窗又是你唯一的慰藉。

4.天窗带给我们无限的想象，也打开了茅盾的文学世界，让他从水乡的孩子变成了中国著名作家。当他遭受挫折时，小时候的那扇天窗给了他一个短暂休憩的空间。回想起童年的天窗，怀念起童年的美好与纯真，他的内心又充满了力量。

5.当我们写作时遇到思路不畅的时候，就好比在一间没有窗户的屋子里。每个人心中都有一扇天窗，给自己插上想象的翅膀，打开它，你也能书写出一个神奇、美丽、精彩的想象世界。

【要点提示：在前文想象训练的基础上，学生找到了文章写作的规律，此时则更能够理解"无""有""虚""实"的含义，更能明白天窗带来的"慰藉"对作者的重要意义。】

四、板书设计

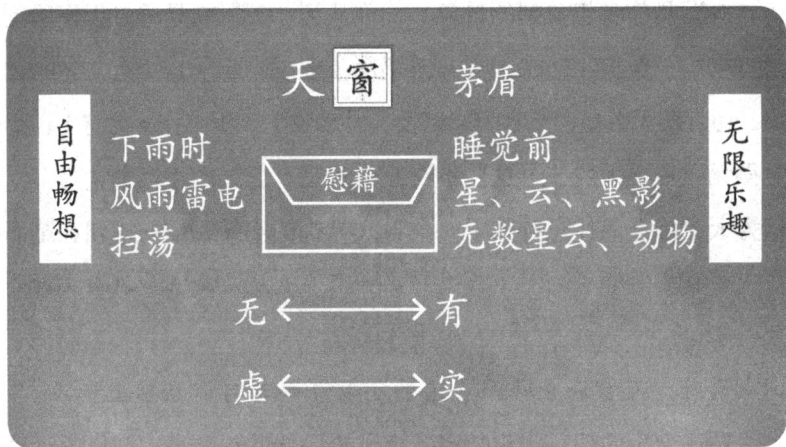

16

统编版四年级下册

《琥珀》

蒋伟　执教

一、扫描文本

　　《琥珀》是统编版小学语文四年级下册第二单元的第一篇精读课文。关于科学知识的介绍，理性较重的说明文多一些。可德国作家柏吉尔写的这篇说明文，由一块稀世珍宝琥珀，展开大胆合理的想象，采用生动传神的语言，推测并再现了这块少见的琥珀的形成过程，非常具有现场感和故事性，读来兴味盎然。

二、教学速构

（一）教学内容

课文 1~12 自然段。

（二）教学目标

1.阅读时提出不懂的问题，在了解这块琥珀的形成过程及作者想象的依据中，尝试解答问题。

2.感受课文细腻传神的语言、大胆合理的想象和逼真的故事情节，能用自己的语言条理清楚地介绍琥珀的样子及形成过程的依据。

（三）教学重难点

了解这块琥珀的形成过程及作者想象的合理性。

三、教学流程

（一）图片导入，识其珍贵

（课件展示）看，今天老师给大家带来了许多神奇美丽的珍稀化石，他们的名字叫——琥珀（板书课题）请同学们观察这两个字，都是什么部首？都是斜玉旁。再读读这一组带斜玉旁的词，发现他们都有什么相同或相似的特点？汉字的偏旁大多都是表义的，可见琥珀也是比较珍贵、稀奇的事物。

【要点提示：此环节为导入环节，用时1分钟。由图片导入课题，通过认识斜玉旁的词语，初步感知琥珀的珍贵。】

（二）质疑问难，知其条件

1.这是什么体裁的文章？既然是科学小品文，就应该有科学性。（板书：科学小品文）

2.通过预习，你能提出哪些与琥珀相关的问题？

（转述学生的话：①琥珀要在什么情况下才能形成？是怎么被发现的？有什么作用？②为什么从那块琥珀，我们可以推测发生在几万年前的故事的详细情形？……）

3.同学们真会动脑筋，"琥珀要在什么情况下才能形成？"这个问题只要读读课后链接，就可以找到答案了。（指名读课后链接）

4.说说看，你们读后的收获。

（转述学生的话：①松柏树等树干上分泌出来的松脂是琥珀的前身；②树脂球演化成琥珀需要很长时间；③天然琥珀的形成可以简单分成三个阶段：树脂→硬树脂→琥珀；④树脂是流动的，带着浓浓的香味；⑤树脂变成硬树脂必须被砂泥等沉积物掩埋；⑥硬树脂必须在高温和高压的持续作用下才能最终石化形成琥珀。）

5.同学们真厉害，提取出这么多有用的信息。（课件出示）柏吉尔这位科学家给我们带来了一个这样的琥珀。大家仔细观察下，这块琥珀有什么不一样的地方？

（转述学生的话：①里面有苍蝇和蜘蛛，蜘蛛正在后面准备捉苍蝇；②它们的腿的四周显出好几圈黑色的圆环。）

6.非常好，你们观察得非常仔细，这些细节都是科学家推测的重要依据。现在就请同学们打开课文，随着作者的推测，一起走进这块琥珀形成的传奇故事吧！（板书：这块琥珀）

【要点提示：此环节用时3分钟。"阅读时能提出不懂的问题，并试着解决"为本单元的语文要素之一。鉴于学生对琥珀并不熟识，所以在上课伊始，用琥珀的图片激起学生的好奇心，提出不懂的问题。同时，尊重学生的个性阅读体验，引导学生从文本、课后链接中捕捉文本信息，总结出形成琥珀的几个基本条件，为下文理解科学家所推测故事的合理性，做好知识的储备。】

（三）品析过程，找齐依据

1.接下来我们一起来当当科学家，看看为什么从这块琥珀，我们可以推测发生在几万年前的故事的详细情形。请同学们自由读课文的1~9自然段，看看第一个阶段——松脂球的形成过程，哪些推测合理，画出相关的语句，并想想为什么，完成下面的任务单。（板书：详细情形　松脂球形成）

松脂球的形成过程

合理推测（语句）	为什么

学生汇报，自主完成任务单。

（1）文中第一次出现了"太阳，阳光是松脂融化的原因，也是形成琥珀的第一个条件"，环境描写为故事的发展埋下了伏笔。

（2）前6个自然段有几处描写太阳，各是怎样描写的，气温的变化体现在哪几个词上？

共有3处：①太阳暖暖地照着；②太阳照得火热；③晌午的太阳热辣辣地照射着整个树林。气温的变化是："暖暖""火热""热辣辣"，表明天气越来越热，为下文的松脂滴落做铺垫。

（3）"小心"一词恰当地写出了蜘蛛捕食的状态——慢慢地靠近猎物。"划动""沿着""爬"写出了蜘蛛的动作，这些动词表现了蜘蛛一心一意地想把苍蝇当作一顿美餐，同时交代了它们为什么离得那么近，推动了故事的发展。

（4）"蜘蛛刚扑过去，突然发生了一件可怕的事情。一大滴松脂从树上滴下来，刚好落在树干上，把苍蝇和蜘蛛一齐包在里头。""刚好"一词生动地写出了琥珀形成的机缘巧合。就在蜘蛛还没来得及扑住苍蝇，而苍蝇也没来得及飞走的一刹那，一大滴松脂从树上滴下来，把它们一起包在里头，促成了这块奇异的琥珀的形成。

（5）"松脂继续滴下来，盖住了原来的，最后积成一个松脂球，把两只小虫重重包裹在里面。"从这个琥珀的大小来看，松脂必须是继续包裹才能形成足够大的松脂球。

2. 根据刚才的阅读，柏吉尔这位科学家给我们带来的这块琥珀的前身——松脂球的形成需要哪些条件？谁能总结出来？

（转述学生的话：①松树林；②夏天，天气炎热到松树流出松脂；③凑巧，蜘蛛和苍蝇在一起；④松脂不断往下滴。）

这位同学的手举得高高的，你有什么问题？

（转述学生的话：在1~6自然段里，除了松树林，还写了一个环境：海在很远的地方翻腾怒吼。这跟松脂球的形成好像没关系，为什么要写这个？）

你真会动脑筋，学贵有疑，有疑问就应该像这位同学这样大胆地提出来。谁能解答？

（转述学生的话：因为最后琥珀是在海边发现的，这里的环境，是为后面想象陆地渐渐沉下去，海水渐渐漫上来，逼近那古老的森林，最终淹没森林，为下文埋下伏笔。）

对，陆沉水漫是松脂球被掩埋地下的必备条件，你懂得联系上下文来理解，真会读书。

松脂球的形成过程

合理推测（语句）	为什么
时间：很久很久以前、几万年前	树脂需要经过漫长的岁月，才能形成琥珀
天气：一个夏日①太阳暖暖地照着；②太阳照得火热；③晌午的太阳热辣辣地照射着整个树林	夏天晌午，火热的太阳是松脂融化的原因，是首要条件。气温的变化是："暖暖""火热""热辣辣"，表明天气越来越热，为下文的松脂滴落做铺垫
环境：许多高大的松树	松树林是必要条件之一，因为只有在松树林里才有可能有老松树，只有老松树才有厚厚的松脂，才有可能从树干渗出大滴的松脂，一下子把苍蝇和蜘蛛全包住
环境：海在很远的地方翻腾怒吼	这里为最后琥珀在海边被发现埋下伏笔
情节：苍蝇停在一棵大松树上、它飞了大半天、身上沾满了灰尘	苍蝇只有停在大松树上，才可能被松脂滴到。飞了大半天，说明它很累了，所以后面才没发现蜘蛛的靠近。它身上沾满了灰尘，是因为琥珀中它们腿的四周显出的圆环是黑色的
情节：划动、沿着、爬	蜘蛛小心翼翼地靠近，这些动词表现了蜘蛛一心一意想把苍蝇当作一顿美餐，同时交代了它们为什么离得那么近，推动了故事的发展
情节：刚扑过去、刚好、一齐	"刚好"一词生动地写出了琥珀形成的机缘巧合。就在蜘蛛还没来得及扑住苍蝇，而苍蝇也没来得及飞走的一刹那，一大滴松脂从树上滴下来，把它们一起包在里头，促成了这块奇异的琥珀的形成
情节：它们前俯后仰地挣扎了一番，终于不动了	因为琥珀中它们腿的四周显出圆环，说明他们很可能挣扎过
情节：松脂继续滴下来，盖住了原来的，最后积成一个松脂球，把两只小虫重重包裹在里面	从这个琥珀的大小来看，松脂必须是继续包裹才能形成足够大的松脂球

3. 接下来我们快速小声地读课文的10~12自然段，对故事中松脂球石化过程中的推测有疑问的地方，用横线勾画出来，填写到下面的任务单中。（板书：松脂球石化）

（学生质疑，填写任务单）

松脂球的石化过程

疑问	依据
为什么要说树断绝了生机，慢慢地腐烂了，剩下的只有那些松脂球，淹没在泥沙下面	
为什么要说几十年，几百年，几千年，又是几千年过去了	

谁能来当当小科学家，说说这样推测的依据是什么？给他们解疑，填入任务单。

松脂球的石化过程

疑问	依据
为什么要说树断绝了生机，慢慢地腐烂了，剩下的只有那些松脂球，淹没在泥沙下面	因为树脂只有被砂泥等沉积物掩埋后，地下深处的高温和高压，导致树脂中的有机物挥发，树脂才能变成硬树脂
为什么要说几十年，几百年，几千年，又是几千年过去了	因为这些树脂必须经过漫长的岁月，才能最终石化，形成琥珀

这些依据都是松脂球石化的必备条件，我们来提炼一下。

（转述学生的话：①时间漫长；②陆沉水漫；③松树腐烂；④泥沙掩埋。）概括为一点，就是——（漫长的地壳运动。）

4.读完整个故事，同学们发现了吗？文中这块琥珀的形成和被发现，一个"巧"字贯穿了始终。想想都巧在哪儿。

（转述学生的话：①森林的远处有海；②小苍蝇落在老松树上；③蜘蛛刚好爬过来；④一大滴松脂正好把两只小虫子包住；⑤水把森林淹没，松脂球埋在泥沙里；⑥波涛把琥珀卷到岸边；⑦孩子赤着脚踩到琥珀；⑧孩子的爸爸正好认识琥珀。）

5.谁能根据这个示意图，用自己的话来说说这块琥珀形成的过程。（课件出示）（学生复述）

滴 - - - → 包 - - - → 积 - - - → 埋

夏日炎热　　苍蝇　　　松脂球　　地壳变化
渗出松脂　　蜘蛛

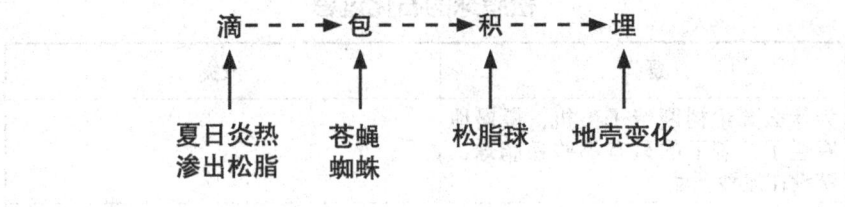

【要点提示：此环节为重点段落教学环节，用时 15 分钟。"用自己的话说说这块琥珀形成的过程""联系琥珀形成的过程，说说推测的依据"为本课的语文要素。为落实此训练点，教学中抓住琥珀形成的两个阶段：松脂球的形成、松脂球石化的过程，从扶到放，引导学生根据第二环节中获取的有关琥珀形成条件的知识，品析两个阶段推测过程的合理性及依据，从中发现这块琥珀的形成和被发现是一个"巧"字贯穿始终，最终总结出形成这块特殊琥珀的必备条件，水到渠成地完成复述，体会故事想象的合理性、推测的严密性，感受科学小品文的科学性、艺术性、严谨性。】

（四）体悟特点，迁移运用

1. 学到这里，老师也有几个疑问，谁能来帮忙解决？（课件出示）

（1）文中的故事是真实的吗？为什么？

（转述学生的话：文中的故事不是真实的，最后一段提到是"推测"的。）

（2）为什么大家觉得自己刚才复述的故事像真实的一样呢？

（转述学生的话：本文语言生动形象，且作者推理严密，推测的情形合情合理，想象和推测有科学依据，不是凭空瞎想。）（板书：合理严密）

（3）文章中哪些内容是真实的，哪些内容是推测的？

（转述学生的话：琥珀的形成是推测出来的，琥珀的发现和样子及其科学价值是真实的。）（板书：真实 推测）

2. 总结：几万年前的情景真的是这样吗？不一定。这是科学家根据琥珀的样子进行的推测、想象。如果让你推测，你会想象出怎样的故事？不一定是"蜘蛛吃苍蝇"，也可能是……展开你们的想象，开始推测吧。老师希望同学们做一个爱自然、爱科学的孩子。另外，本文是根据德国科学家、科普作家柏吉尔的《乌拉·波拉故事集》中的一篇改写的。《乌拉·波拉故事集》是集科学知识与想象情节于一体的可读性非常强的科普读物，一共有 15 个有趣的故事，涉及范围相当广泛。有兴趣的同学可以去读一读。

【要点提示：语文教学要注重开发学生的创造潜能，促进学生持续发展。此环节用时 1 分钟。在熟知课文介绍琥珀内容的基础上，分辨真实的描写和想象的描写，体会科学小品文语言的严谨性、推理的科学性。一方面从写作角度激发学生的兴趣，重新推测琥珀的形成过程；一方面通过学习方法迁移和阅读柏吉尔的《乌拉·波拉故事集》，激发学生阅读的兴趣，使课外阅读不流于形式。】

四、板书设计

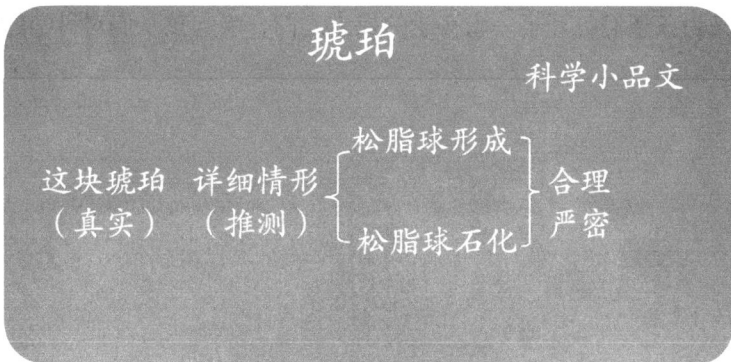

17

统编版四年级下册

《飞向蓝天的恐龙》

赖艳红　执教

一、扫描文本

　　《飞向蓝天的恐龙》是统编版小学语文四年级下册第二单元的第二篇精读课文，是一篇科普文章。课文向我们介绍了科学家们根据研究恐龙和鸟类的骨骼和化石之后，提出了一种假说：鸟类不仅和恐龙有亲缘关系，而且很有可能就是一种小型恐龙的后裔。接着具体叙述了恐龙是如何向鸟类演化的。文章既揭示了科学家们在古生物研究方面的重大发现，又为孩子们打开了一扇科学的探索之门，唤起孩子们对科学的浓厚兴趣。

二、教学速构

（一）教学内容

课文 4 自然段。

（二）教学目标

1. 正确、流利、有感情地朗读课文，体会作者用词的准确性。
2. 抓住关键词句，学会简明扼要地介绍恐龙飞向蓝天的演化过程。
3. 学习作者先总写，再分别举例说明的写作手法。

（三）教学重难点

学习作者先总写，再分别举例说明的写作手法。

三、教学流程

（一）填空复习，激趣导入

1. 上节课我们知道了科学家们根据研究恐龙和鸟类的骨骼和化石之后，提出了一种假说，（出示课件）填空：鸟类不仅和恐龙有（亲缘）关系，而且很有可能就是一种（小型恐龙）的后裔。

2. （出示图片），现在来填一填。

（ ）的恐龙   （ ）的鸟类

3. 庞大的恐龙是如何变成轻盈的鸟类飞向蓝天的呢？这节课就让我们穿越时空隧道，访问中生代的地球，看一看这一演变过程吧！（板书课题：飞向蓝天的恐龙）

【要点提示：此环节为复习和导入环节，用时2分钟。既帮助学生复习、明确了本文的观点，又通过画面的对比，激发学生的求知欲望，以及阅读文本的兴趣。】

（二）品读课文，体会"准确"

1.默读课文第四自然段，找出描写时间的词语并画出来。从这些词语当中你体会到了什么？

（转述学生的话：①从这些时间中，你知道了恐龙到鸟类经历了一个相当漫长的演化过程；②你还发现了作者是按照时间顺序来介绍恐龙的演化过程的，真了不起。）

2.我们再来看看这两个描写时间的词语，作者在"两亿四千万年前"还加了一个词语"大约"，而"数千万年后"这个词语中的"数"究竟是多少？为什么没有一个准确的时间呢？

（转述学生的话：你发现了看似不准确的时间，却恰恰显示出了作者语言的准确性，这些时间都只是科学家的推测，谁也不能将其确定下来。）

3.你还能在这一段找到类似的词语吗？谈谈你的感受。

（转述学生的话：你还找到了"可能"这个词语，从这个词语中你体会到了恐龙的一支转移到树上生存，这也是科学家的推测，并不能证实。）

4.小结：两亿四千万年前和数千万年后都只是推测，恐龙的一支转移到树上生存也只是假说。所以"大约"和"可能"这样的词语使句子更准确，这也是科普文章、说明性文章最重要的特点——语言的准确性。

【要点提示：此环节从时间入手，让孩子们通过抓关键词"大

约""可能",体会文章语言的准确性,明确科普文章的语言特点。用时4分钟。】

(三)梳理过程,学习写法

1.在这一漫长的演化过程中,恐龙发生了哪些变化呢?再读课文,抓关键词理清过程,注意我们也要学习作者用词准确哦。

2.(交流句子,引导概括)说说恐龙演化需要经历几个阶段。读读有关句子,如学生读完第一句,请他找出句子中最关键的一个词来概括这一阶段,并把这个词圈出来。(板书:第一种恐龙)其他三个阶段同桌合作依照此方法概括。

(板书:庞大家族 猎食性恐龙 飞向蓝天)

(1)第一种恐龙长什么样?像我们现在的哪种动物呢?

(转述学生的话:原来第一种恐龙像狗一般大,后腿粗壮有力,可以支撑起整个身体呢。)

(出示课件)瞧,这就是"第一种恐龙"。

(2)经过数千万年的繁衍,它的后代演变成形体各异的庞大家族,这个家族里有怎样的成员?它们又有什么特点?四人小组完成下列表格。

	特点	说明角度
庞大家族 (形态各异)	有些恐龙像它们祖先一样用两足奔跑	行走方式
	有些恐龙则用四足行走	
	有些恐龙身长几十米,重达数十吨	形体特征
	有些恐龙则身材小巧,体重只有几千克	
	有些恐龙凶猛异常,是茹毛饮血的食肉动物	性格特征
	有些恐龙则温顺可爱,以植物为食	

(3)师生合作,分类朗读。

（师引读）数千万年后，它的后代繁衍成一个形态各异的庞大家族，它们的行走方式不同——（学生：有些恐龙像它们祖先一样用两足奔跑，有些恐龙则用四足行走。）体形多样——（学生：有些恐龙身长几十米，重达数十吨；有些恐龙则身材小巧，体重只有几千克。）性情不一——（学生：有些恐龙凶猛异常，是茹毛饮血的食肉动物；有些恐龙则温顺可爱，以植物为食。）

（4）（出示课后小练笔内容）我们再来读一读这一段，通过列表和朗读，你发现作者的写作密码了吗？

（转述学生的话：①我发现作者先总写了恐龙家族的庞大，然后又分别写了有哪些形态各异的成员；②我还发现作者连用了6个"有些"组成了一组排比句；③我还要补充一点：这段话中加点的部分都是作者举的例子。）

（5）小结：同学们，你们真了不起，一下就发现了作者的写作奥秘。结构上，作者采用的是总分的形式。句式上作者用了"有些……有些……"组成了一组排比句；说明方法上，作者从三个方面进行了举例说明。（出示下图，帮助孩子理解）

（6）大显身手，大家也来练一练。（出示图片，引导学生从鸟类的身形、嘴巴、羽毛颜色等方面进行仿写）

湿地公园的鸟真是形态各异！有些（　　　），有些则（　　　）。有些（　　　），有些则（　　　）。有些（　　　），有些则（　　　）。

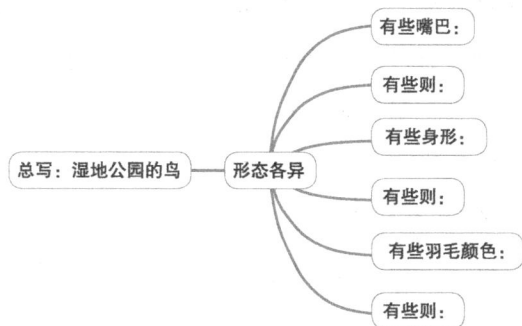

（7）小结：同学们，利用具体事例，从事物的不同方面，清楚明白地说明自己的观点，可以让读者更好地理解你要表达的意思。这种写作手法也可以运用到自己的作文中。

【要点提示：此环节为本段的一个重点教学环节，这一环节把课后的小练笔放入课内，让孩子们在自行发现、分析作者写作方法的基础上，进行实践操练，化难为易。用时 8 分钟】

3. 这个庞大的恐龙家族都演化成鸟类了吗？（学生：只是一些猎食性恐龙）作者又是从哪些方面写猎食性恐龙的变化的呢？

（1）用"＿＿＿"画出猎食性恐龙身体上的变化。

（根据学生回答，出示课件：其中，一些猎食性恐龙的身体逐渐变小，越来越像鸟类：骨骼中空，身体轻盈；脑颅膨大，行动敏捷；前肢越来越长，能像鸟翼一样拍打；体表长出美丽的羽毛，不再披着鳞片或鳞甲。）

齐读句子，强化中心，难怪科学们会提出这样的假说：鸟类不仅和恐龙有（亲缘）关系，而且很有可能就是一种（小型恐龙）的后裔。

（2）对于飞翔能力的获得，科学家的假设是一致的吗？有哪些假设？

（根据学生回答，出示课件：它们中的一些种类可能为了躲避敌害或寻找食物而转移到树上生存。这些树栖的恐龙在树木之间跳跃、降落，慢慢具备了滑翔能力，并最终能够主动飞行。另一种看法是，飞行并非始于树栖生活。有些科学家推测，一种生活在地面上的带羽毛的恐龙，在奔跑过程中学会了飞翔。）

（3）读句子，再次品味语言的准确性。

你认为哪一种说法是正确的？（学生：没有对错，两种说法都只是推测，还没证实。）你是怎么知道的？（学生：我是从"可能""推测"这些词中体会到的。）

如果去掉"可能""推测"，句子的意思会有改变吗？

小结：虽然关于恐龙如何获得飞翔能力的过程还没有确切的说法，但毋庸置疑的一点是：原本不会飞的恐龙变成了鸟类。

（四）学会取舍，解说过程

1.这一段，作者用了这么大的篇幅来写，假设你是一个解说员，你会选取哪些关键点来简明扼要地介绍恐龙飞向蓝天的演化过程呢？

（学生1：我认为时间很关键，要讲清楚，这样介绍才有序。）

（根据回答板书：两亿四千万年前、数千万年后。）

（学生2：我觉得恐龙家族的庞大不用一一介绍，只要抓住其中的一支猎食性恐龙来具体介绍就行。学生3：我认为猎食性恐龙的身体变化和飞行能力应该重点介绍。）（根据回答板书：身体变化、飞行能力。）

小结：同学们，简明扼要地介绍要学会取舍，抓住关键点，还要注意表达顺序。

2.（出示演化图片）请你根据图片和板书，试着介绍恐龙演化成鸟类的过程。

两亿四千万年前，第一种恐龙和（狗）一般大小，数千万年后，它的后代繁衍成了一个（形态各异）的（庞大家族）。其中一支（猎食性）恐龙，身体逐渐（变小），越来越像（鸟类）。它们中的一类开始在（树上）生存，慢慢具备了（滑翔）能力，并最终能够主动（飞行）。另一种生活在地面上的（带羽毛）恐龙，在奔跑过程中，也学会了（飞行）。最终，恐龙的一支演化为（鸟类），变成了（天之骄子）。

【要点提示：此环节为本段的一个难点教学环节，只有当学生们充分了解课文内容后，才能更好地进行介绍。同时还要明确：简明扼要地介绍不同于复述，要引导孩子们抓关键词句，学会总结概括，有顺序地介绍。出示图片和填空内容，图文结合，帮助学生们降低难度。用时6分钟】

四、板书设计

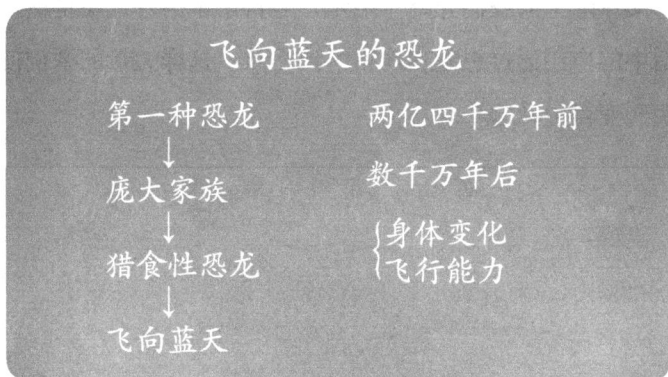

18

统编版四年级下册

《纳米技术就在我们身边》

赖艳红　执教

一、扫描文本

《纳米技术就在我们身边》是统编版小学语文四年级下册第二单元的第三篇精读课文，是一篇说明性文章。作者以大胆的想象、通俗易懂的语言，向我们介绍了纳米技术的神奇，展示了纳米技术在应用上的美妙前景。文章除了向我们介绍"纳米"等科学术语外，还将纳米技术在社会生活中的应用通过想象表现得淋漓尽致。这样大量的举例使枯燥的科学说明文变得生动起来。

二、教学速构

（一）教学内容

课文 2~3 自然段。

（二）教学目标

1. 正确、流利、有感情地朗读课文。

2. 抓住关键语句，了解纳米技术的有关知识；根据文章内容提出不懂的问题，并试着解决。

（三）教学重难点

培养学生通过各种方式收集信息的能力，领会纳米技术的作用及神奇之处。

三、教学流程

（一）视频导入，感受神奇

1.（播放视频）同学们看，科学家们发明了一种神奇的机器人，这个机器人就像《西游记》里钻进铁扇公主肚子里的孙悟空一样，可以钻进人类的肚子，勘测人类的五脏六腑。这些机器人长约 3 纳米，它们能自我复制，消灭人体内的有害病毒。视频上这个纳米机器人，正在清理血管中的有害堆积物。由于纳米机器人可以小到在人的血管中自由地游动，对于像脑血栓、动脉硬化等病灶，它们可以非常容易地予以清理，不必再进行危险的开颅、开胸手术。你们想认识这种小而神奇的机器人吗？

2. 这机器人叫——纳米机器人。今天我们就共同走进纳米技术，感受纳米技术神奇的力量。齐读课题——《纳米技术就在我们身边》。

【要点提示：此环节为导入环节，用时 1~2 分钟。教师边模拟播放视频，边用生动的语言介绍纳米机器人，激发学生认识纳米技术的兴趣。】

（二）提出问题，引发思考

同学们，看到这个课题，你们有什么疑问？

（转述学生的话：①什么是纳米？②什么是纳米技术？③我们身边有哪些纳米技术？）

古人云：学贵有疑，小疑则小进，大疑则大进。让我们带着疑问到书中寻找答案吧。

【要点提示：此环节为片段的过渡环节，用时 1 分钟。教师心中要有培养学生学会质疑的意识，通过质疑课题，让学生产生阅读期待，让学生带着问题走进文本，让学习的目的性更明确。】

（三）认识纳米，了解纳米技术

1. 请同学们自由朗读课文 2、3 自然段，边读边试着解答疑问。

2. 同学们，读完了 2、3 自然段，你现在知道了什么是"纳米"了吗？（板书：纳米）

（转述学生的话：你知道纳米是非常非常小的长度单位，1 纳米等于 10 亿分之一米。）

3. 你从文中提取了纳米的关键语句，知道了它是一种长度单位。（板书：长度单位）这个长度单位的特点是——（生：非常非常小）。是的，

作者连续用了两个"非常"来说明它的小。（板书：小）

这句话作者还用了什么说明方法来说明纳米小的特点？

（转述学生的话：还用了列数字的说明方法。）

同学们，请看黑板上的这两个句子，作者运用了列数字的说明方法，有什么好处？

①纳米是非常非常小的长度单位，1纳米等于10亿分之一米。

②纳米是非常非常小的长度单位。

（转述学生的话：①让读者更清楚明白纳米有多小；②运用列数字的方法，准确具体地描述纳米的长度。）

4.是的，从对比中，我们就能清楚感受到纳米的具体大小了。同学们，在第二自然段中，你们还发现了哪些说明方法？

（转述学生的话：你们通过抓关键词——相当，还发现了文章用了作比较的说明方法，真棒！）

（出示课件：如果把直径为1纳米的小球放在乒乓球上，相当于把乒乓球放在地球上，可见纳米有多小。）

在这句话中，你们发现作比较这种说明方法的好处了吗？

（转述学生的话：①纳米是我们不熟悉的事物，而乒乓球是我们常见的东西，拿不熟悉的东西和熟悉的东西进行对比，可以让我们更清楚具体地了解事物的特点；②通过这个作比较的说明方法，头脑中就有了纳米大小的概念了。）

5.小结：同学们说得真好，在说明文里运用恰当的说明方法，可以使文章说明对象更准确、具体、生动，可以使我们对不熟悉的物体有更形象的认识。

6.刚才我们通过两种说明方法，知道了纳米是一种非常非常小的长度单位，不仅肉眼看不到，就是普通的光学显微镜也无能为力。你们有什么想说的？

（转述学生的话：①你觉得不可思议，纳米竟然小到普通的显微镜都看不到。②科学家们太厉害了，这么小的机器人都能发明出来。）

7. 读到这里，你还解开了什么疑问？

（转述学生的话：你知道了纳米拥有许多新奇的特性，纳米技术就是研究并利用这些特性造福于人类的一门学问。）

8. 小结：很好，会读书的同学懂得提出疑问，并试着去解决。同学们，刚才我们带着问题读文章，然后在文章中寻找答案，但是有些不懂的问题，有时文章并没有全部告诉我们，那我们应该怎样做呢？

（转述学生的话：①可以请教家长、老师；②还可以在家长的帮助下，一起利用电脑查找答案。）

9. 接下来，请同学们齐读第三自然段，边读边想，这个自然段告诉了我们什么？

（转述学生话：这个自然段第一句是中心句，本段是围绕第一句来写的，写了纳米技术就在我们身边的事例。）（板书：纳米技术）

如何理解纳米技术在我们身边？（学生：纳米技术与我们的生活息息相关。）（板书：息息相关）

10. 现在我们都是纳米科技的研究人员，一起去研究纳米技术在生活中的运用。第三自然段分别列举了哪些例子说明纳米技术和我们的生活息息相关？哪位研究员跟大家解说一下？

（转述学生的话：冰箱纳米涂层、碳纳米管、纳米吸波材料）

11. 同学们，你们还搜集到纳米技术在生活中的哪些应用？

（转述学生的话）

①用纳米材料制成的自行车，重量只有几公斤。

②将防水防油的纳米材料涂在大楼表面或窗户玻璃上，大楼不会沾

油污。

③用防污的纳米材料可以织成免洗涤的衣物。

④纳米技术用于制药，可以制成导弹型药物，循着导引的方向直达病灶，疗效大大提高。

12. 同学们真会学习，从课外搜集了这么多资料来丰富课文内容。我们不得不夸纳米技术真是一项神奇的技术。（板书：神奇）纳米技术的应用方便了我们的生活。

13. 如果让你利用纳米技术，你会把它应用到生活的哪些地方？发挥想象说一说。

（转述学生的话：①你想利用纳米技术减轻书包的重量。②你想利用纳米技术发明防水保暖的衣服，下雨的时候就省去穿雨衣的麻烦。这个创意好。③你还想利用纳米技术发明防晒隔热窗帘，到了夏天就不用一直开着空调避暑了。）

【要点提示：此环节为重点段落教学环节，用时 12 分钟。让学生在阅读文章时能提出不懂的问题，并试着解决。"让学生展开奇思妙想"为本单元语文要素之一，为落实此训练点，让学生带着疑问走进课文，尝试着在文中寻找答案并展开丰富的想象——利用纳米技术发明什么，可以更方便我们的生活？】

（四）总结全文，课外延续思考

1. 同学们的想象力真丰富，我们想象着，也期待着纳米技术更广泛应用在我们的日常生活，让纳米技术常伴我们身边。

2. 通过不同的渠道再去了解"纳米技术"的相关知识，可以做简单的调查报告，下次我们再进一步分享。

四、板书设计

纳米技术就在我们身边

| 纳米 | 长度单位 | 小 |
| 纳米技术 | 息息相关 | 神奇 |

19

统编版四年级下册

《猫》

陈瑾　执教

一、扫描文本

　　《猫》是统编版小学语文四年级下册第四单元的第一篇精读课文。《猫》是老舍创作的一篇状物散文，发表于《新观察》1959 年 16 期。老舍先生用朴实而传神的语言、贴切精当的修辞手法，通过一组组充满生活情趣的画面，生动形象地写出了猫的"古怪"性格，表达了自己对猫的喜爱之情。

二、教材速构

（一）教学内容

课文 1~2 自然段。

（二）教学目标

1. 正确认读生字词，学会正确书写"凭"字。

2. 有感情地朗读课文，感受老舍笔下的"猫"的形象，体会作者的爱猫之情，并背诵自己喜欢的段落。

3. 通过默读、想象，理解猫的性格特点，体会老舍遣词造句的表达效果，初步感受老舍语言的"京味儿"。

（三）教学重难点

通过默读、想象，理解猫的性格特点，体会老舍遣词造句的表达效果，初步感受老舍语言的"京味儿"。

三、教学流程

（一）谈话导入，聊"印象"

1.（板书：猫）猫是大家非常熟悉的一种小动物，咱们就先来聊聊它。（板书：聊）

2. 同学们，谁养过猫，请举手。有不少同学都有养猫的经验啊！如果让你用文字来介绍你家的猫，你会介绍猫的哪些方面呢？

（转述学生的话：①猫的外形特征；②猫的生活习性；③猫与你之间发生的事儿。）

3. 老舍先生怎样向我们介绍他家的猫呢？一起走进老舍笔下的猫，学习语言大师是如何写猫的。来，齐读课题。

4. 自由轻声地读课文，读准字音，读通句子。边读边思考：老舍先生写了他家猫的哪些方面？

好的，谁来说说？哦，不仅写了他家的大猫、小猫，还写了大猫的古怪，小猫的可爱。

（板书：大　古怪　小　可爱）

5.真会读书呀！这么长的课文，大家就读成了这几个关键词，一下子就理清了文章的脉络。

【要点提示：此环节为导入环节，用时1~2分钟。教师一开始就抓住本文语言的特色——聊，用老舍先生那种"聊"的方式与学生打开话题，引出猫，并理清了文章结构。】

（二）对比读词，聊"古怪"

1.我们先和老舍爷爷聊聊他家猫的"古怪"吧！同学们，问题来了，你喜欢别人说你"古怪"吗？你呢？你呢？

2.是呀，大家都不喜欢别人说自己古怪？老舍先生居然说他家的猫"古怪"？老舍先生到底喜不喜欢他家的猫呢？

3.做道有意思的选择题吧？（课件出示选择题：老舍对猫的感情是A.喜欢；B.讨厌；C.说不清。）

你觉得是喜欢，从文中找找依据：老舍夸他家的猫（课件出示：老实、尽职、勇猛、温柔可亲。）是呀，你有反对意见？老舍还批评他家的猫（课件出示：贪玩、胆小、不高兴时一声不出。）

看来，真的是既喜欢又讨厌，给读者一种"说不清"的感觉。选C的同学请举手，果真大家都有这样的感受。

4.好吧，大家看，根据你们所找的依据，也就是文中的一些关键词，我们这么一摆，仔细读读，说说你发现了什么？

5.是的，像大家发现的那样，老舍先生正是用这些相反的词语写出了猫矛盾的性格，来表现猫的"古怪"。

【要点提示：此环节为过渡环节，用时2分钟。让学生通过一道有趣的选择题展开思考，文中的老舍先生究竟是爱猫还是讨厌猫。抓住文章表达的特色，以充满童趣的方式激起学生阅读的兴趣。】

（三）品味语言，聊"喜爱"

1.这种爱又不像爱，说不清道不明的感觉真有意思！带着这样的感觉继续默读课文的2~4自然段，可以在你有感受的地方写下自己的体会。

2.好的，咱们来交流一下大家读后的感受。

（转述学生的话：你觉得"贪玩"是猫的本性，是一种很可爱的举动，不代表作者不喜欢它。）你家的猫贪玩吗？哈哈，咬拖鞋、扯毛线、弄坏花草，是呀，联系自己的生活经验一读，就会有不同的感受。

（转述学生的话：你从"屏息凝视""一连""非……不可"读出了老舍爷爷家猫捉老鼠时候的专注、坚持。几个小时一动不动地等待，你都做不到，猫能做到，真厉害！）瞧，联系生活经验，对比阅读，就会感受到文字背后作者所表达的意思与情感了。

真好，同学们会利用学过的阅读方法，走进语言，从一个字、一个词、一句话中读出感受。

3.有句话说得好："爱要大胆说出来！"你看，这里有两位名家笔下的猫，我们一起来读读——

①它一身白毛像雪似的，中间夹着数块墨色的细毛，黑白相间，白的显得越白，而黑的越发显得黑了。脸一半儿白，一半儿黑，两颗小灯泡似的眼睛在脸中间闪呀闪，见我低下头看它，它也一个劲儿地盯着我。（周而复）

②小猫白玉似的毛色上，黄斑错落得非常明显。当它蹲在草地上或

蹦跳在凤仙花丛里的时候，望去真是美丽。每当附近四邻或路过的人，见了称赞说"好猫"的时候，妻脸上就现出一种莫可言说的得意，好像是养着一个好儿子，或是好女儿。（夏丏尊）

快速默读，说说你们的发现。

4. 是的，两位作家通过描写猫的外形、动作，很直接地传达出了对猫的喜爱之情。但是老舍先生呢，却有一种对猫说不清的感觉。让我们再仔细读读 2 自然段中的这两段话，一定会有新的发现。

（课件出示）

①说它老实吧，它的确有时候很乖。它会找个暖和的地方，成天睡大觉，无忧无虑，什么事也不过问。可是，它决定要出去玩玩，就会出走一天一夜，任凭谁怎么呼唤，它也不肯回来。

②说它贪玩吧，的确是呀，要不怎么会一天一夜不回家呢？可是，它听到老鼠的一点儿响动，又是多么尽职。它屏息凝视，一连就是几个钟头，非把老鼠等出来不可！

对比地读一读，说说你的发现？

（转述学生的话：你们发现了，就是表达上都用了"说它……可是……"。）

（1）请一位同学先来读读这句话：

可是，它决定要出去玩玩，就会出走一天一夜，任凭谁怎么呼唤，它也不肯回来。

这句话中有一个词"任凭"什么意思？（学生：无论、不管）请看"凭"字，"任"字跑到了"几"字上面。"任"在古代表示劳动工具，"几"在古代表示桌子，工具靠在桌子上，所以"凭"沿用到今天有"依、靠"，再进一步就是"依据"的意思。在书写上，注意观察老师写，"任"字变成了"凭"字上半部分，就要写得小一点，太大可要把桌子压坏了。读——任凭。

把这个放回文中，读读——可是，它决定要出去玩玩，就会出走一天一夜，任凭谁怎么呼唤，它也不肯回来。家里的奶奶呼唤它——（学生：不回来）；姐姐呼唤，它——（学生：也不回来）；弟弟呼唤，它——（学生：还不回来）；哈哈，感觉像什么？（学生：像一个顽皮的孩子。）

读着读着，你讨厌它吗？你呢？是的，猫的可爱就在于它的灵活，它的贪玩，它的淘气。假如说猫哪儿都不去，一天到晚呆呆的、静静的、傻傻的，你喜欢吗？

（2）再看第二个"可是"的后面。发现了什么？

是的，猫的可爱就在于擅长捉老鼠。可见，老舍先生喜爱猫，他的喜爱已经暗暗地透露在文字里面了。这么一读，谁发现了这两个句式表达的秘密呢？

是的，在"可是"的后面才是作者表达的重点，张明同学太胖了，可是，（他很灵活！）奶奶年纪大了，（可是手脚还很麻利！）这就是咱们中国人说话的一大特点啊！

看来，多读一读，多想一想，就会发现语言大师表达的秘密了。一起读读这段话吧！

（3）这样读没读出味儿，听老师读，对比对比，你就会读出味儿了。这么多只手举起来了，有发现啦？

你说——是呀，老舍先生哪里是在写猫，分明是在写人哪！

你也说说——说得好，那只猫就是他的家人。

你来说——是呀，他就是用"闲聊"的口吻和我们聊他喜爱的猫呢！

5. 同学们，咱们也来当老舍爷爷，和你的朋友聊一聊这只古怪的猫吧！和同桌互相读读。

大家从课前班级空间的作者简介中得知：老舍是正儿八经的老北京，生在北京，长在北京。所以，读老舍的作品会感到他的文字富有北京韵味。穿行在北京的胡同里，家家户户就像亲人一样，特别亲近，经常搬张小凳子，坐在家门口"唠家常"。瞧，这就是老舍爷爷住过的小院儿，他呀，又在和朋友聊他家的猫啦！（音乐，图片）

【要点提示：此环节为重点段落教学环节，用时 12 分钟。这个部分是片段教学的重点部分，教师在演绎的过程中要和学生像"聊天"似的，边聊边抓住关键的词句，品读理解，再通过朗读感受老舍先生与众不同的语言魅力。】

（四）迁移阅读，聊"动物"

1. 还有这么多的同学想聊，这样吧，回家后和爸爸妈妈接着聊，还可以学着老舍爷爷，也用闲聊的口吻尝试着和家人、朋友聊一聊你养过的其他小动物。

2.（课件：音乐响起，出现图片）同学们，看，冰心爱猫！看，叶圣陶爱猫！看，老舍爱猫……很多作家都爱猫。在班级空间里，老师放了许多名家写猫的作品，赶快去读一读，感受一下他们不同的语言风格，感受他们各自对猫的那份深情吧！

【要点提示：此环节为迁移总结部分，用时 1 分钟。教师再次演绎聊天的方式，与学生聊起他们喜爱的动物，再次激发起学生爱动物的情感，从而走近其他作家笔下的猫，感受从文字中表达情感的乐趣。】

四、板书设计

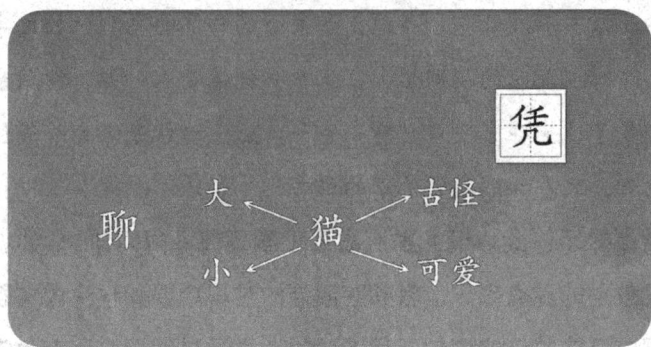

聊　　大 ← 猫 → 古怪
　　　 小 ←　 → 可爱

凭

20

统编版四年级下册

《白鹅（前半部分）》

高研颖　执教

一、扫描文本

《白鹅》是统编版小学语文四年级下册第四单元的第三篇精读课文，是著名的漫画家、文学家丰子恺先生描写动物的一篇佳作。在这篇课文中，作者抓住白鹅的叫声、步态、吃相这三个方面，为我们塑造了一只"高傲"的白鹅。文章语言率真质朴、活泼诙谐，字里行间透露着作者对白鹅的喜爱之情。

二、教学速构

（一）教学内容

课文 1~4 自然段。

（二）教学目标

1. 正确、流利、有感情地朗读课文，学写"促"字。

2. 了解白鹅的特点，体会语言的趣味，感受作者对白鹅的喜爱之情。

（三）教学重难点

了解白鹅的特点，体会语言的趣味，感受作者对白鹅的喜爱之情。

三、教学流程

（一）诗歌引题，走进课文

1. 同学们，你们还记得这首诗吗？"鹅，鹅，鹅，曲项向天歌。白毛浮绿水，红掌拨清波。"写的是什么动物？是的，写的就是鹅。

2. 抗战期间，人们生活艰苦不堪，著名的漫画家、文学家丰子恺先生为了排解苦闷，在院子里种豆、养鹅，他还特地为鹅写了一篇文章呢！请同学们伸出手跟着老师一起写课题。（板书：白鹅）

3. 今天，我们一起来学习这篇课文，走近丰子恺笔下的白鹅。

【要点提示：此环节为导入环节，用时 1~2 分钟。教师用古诗引出写作对象——"鹅"，激发学生的学习兴趣，同时结合作者的资料自然地引出课文，让学生对此文的写作背景有初步的了解。】

（二）初读课文，理清脉络

1. 请同学们自由放声朗读课文，注意读准字音、读通句子，边读边思考：这是一只怎样的白鹅？

（转述学生的话：这是一只高傲的白鹅。）（板书：高傲）

2. 哪一句直接点明了它的特点，你们能找出吗？

（转述学生的话：好一个高傲的动物！）

你们感受到了什么？

（转述学生的话：作者看了它的姿态情不自禁发出感叹。）

是的，全班一起读出对它的感叹！（齐读：好一个高傲的动物！）

3. 鹅的高傲体现在哪儿呢？

（转述学生的话："鹅的高傲，更表现在它的叫声、步态和吃相中。"）

是的，你找了这句话，这是一句中心句。鹅的高傲体现在三个方面——（板书：叫声、步态、吃相）

【要点提示：此环节为过渡环节，用时 2 分钟。教师引导学生边读课文边思考，找出鹅的主要特点及相关句子，通过找出中心句引导学生理清文章脉络。】

（三）精读课文，感受喜爱

1. 请同学们默读课文 3~4 自然段，拿起笔用横线画出体现白鹅的高傲的词或句子，在旁边写下你的批注。

2. 谁来分享你找到的体现白鹅高傲的词或句子？

3. 句①"鹅的叫声，音调严肃郑重，似厉声呵斥。"

（转述学生的话：我从"厉声呵斥"这个词体会到它的高傲，我通过查字典了解这个词的意思是大声地训斥对方。）

真棒！查字典是个很好的学习方法。想象一下，它会训斥什么？

（转述学生的话：①它会说："快走开！快走开！"②它会叫道："不要挡着我的路！"）全班一起把这句话再读一读，读出它的高傲。

4. 句②"凡有生客进来，鹅必然厉声叫嚣；甚至篱笆外有人走路，它也要引吭大叫，不亚于狗的狂吠。"

（转述学生的话："吭"是喉咙的意思，"引吭大叫"的意思就是扯着嗓子大声叫唤，从这里你能感受到鹅的高傲。）

还有一个词，也是形容它叫声的高傲，是哪个？（学生：厉声叫嚣）

它在什么情况下会厉声叫嚣、引吭大叫呢？

（转述学生的话：遇到生人，有不认识的人经过的时候。）

请两个同学上来演一演。大家评价，他们演得如何？还不够高傲，不够凶！全班一起读一读，读出鹅的高傲。

（转述学生的话：这句话还用了对比的手法来体现鹅的高傲，把鹅的叫声与狗的狂吠进行对比。）

狗的狂吠是什么样的？

（转述学生的话："你家就养了一只小狗，它狂吠起来声可大了，而且很凶恶，会吓走陌生人。）

很好！你联系了生活，善于联系生活才能更好地理解文本。

5. 句③"鹅的步调从容，大模大样的，颇像京剧里的净角出场。"

（转述学生的话：这里用了比喻的修辞，把步调从容、大模大样的鹅比作净角。）

大家见过净角吗？我们一起来看一段视频，请看大屏幕。你们瞧，净角出场是什么样的？

（转述学生的话：大气，大开大合……）

全班一起模仿着走一走。瞧，这样威风，这样高傲！全班一起来读一读。

6. 句④"大体上与鸭相似，但鸭的步调急速，有局促不安之相。"

（转述学生的话：这句话把鹅与鸭进行对比，鸭的步调急速，局促不安，而鹅的步调从容，可见鹅的自信、高傲。）

什么样叫"局促不安"？

（转述学生的话：慌乱，着急……）大家带着画面感一起读一读吧！

7.局促不安的"促"是这节课要会写的生字。请同学们伸出手跟着老师一起书空。"促"——左右结构的字，左窄右宽，左边是一个单人旁，右边是一个足字。（板书：促）现在请你们把这个字工工整整地写在你们的生字格里。

【要点提示：此环节为重点段落教学环节，用时 10 分钟。教学中引导学生品词析句，用查字典、拆字法、联系生活、想象等方式加深对词语的理解，进一步感受鹅的高傲，同时，通过赏析句子中的比喻、对比等修辞，体会作者是如何写鹅的高傲的。】

（四）品读语言，体味写法

1.同学们，你们瞧，作者在文中用了这几个词"厉声呵斥""引吭大叫""厉声叫嚣"等，分明是在嗔怪白鹅，你们觉得作者喜欢鹅吗？

（转述学生的话：①喜欢，虽然表面在怪它，但作者已经把它当成了自己的家人；②正是因为喜欢，作者才观察得那么细致，并没有心生厌烦。）

2.同学们，像这样正话反说的手法，就叫反语。看似在讨厌它，实则是喜欢它，这就是本文语言的特别之处。你们有什么收获吗？（板书：反语）

（转述学生的话：①原来写动物，文字里不一定要有"喜欢"二字，可以用各种各样的方法写喜欢；②用反语的方法写喜欢，让人感觉喜欢的程度更深了，我明白了写自己喜爱的动物可以这么写。）

3.小结：是的，这就是丰子恺的语言——风趣幽默，看似在怪鹅，实则字里行间都流露出对鹅的喜爱。我们再来一起读一读这段话吧！读出作者对它的喜爱！

【要点提示："体会作家是如何表达对动物的感情的"为本单元的语文要素之一，为落实此训练点，从词句段落到篇章，引导学生感悟作者写动物的奥秘所在。写喜爱也可以用反语，能让喜爱更特别、更亲近。】

（五）课后阅读，延伸拓展

1. 今天我们学习了作者是如何通过描写鹅的叫声、步态体现鹅的高傲，课后继续阅读鹅的吃相部分，并写下批注。

2. 你们也有自己喜欢的小动物吧？回去也试着写一个片段，下节课我们一起来交流。

【要点提示：此环节为课后延伸环节，用时 1 分钟。让学生课后练写一段自己喜欢的小动物，并在下节课交流，这为本单元导读中的习作要求"写自己喜欢的动物，试着写出特点"做了准备。】

四、板书设计

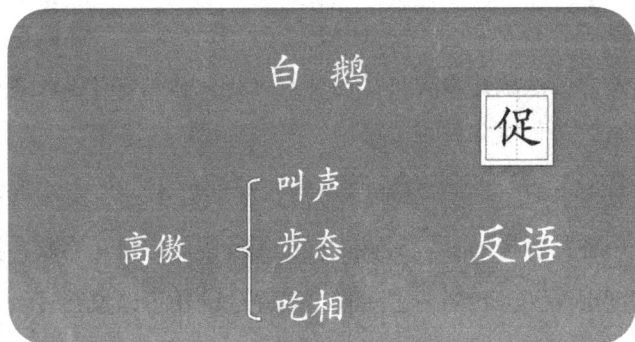

21

统编版四年级下册

《白鹅（后半部分）》

陈瑾　执教

一、扫描文本

　　《白鹅》是统编版小学语文四年级下册第四单元的第三篇精读课文。本单元组的文章均是描写动物的名家名篇，语言风格各具特色。《白鹅》是从丰子恺先生的同题回忆性散文中节选而来的。原文描写了丰子恺与白鹅在重庆沙坪坝庙湾处自建的小屋中相处的情景。节选出的课文，重点描写了白鹅高傲的特性，语言幽默风趣，生动形象，运用了"对比""明贬实褒"的表达方法，把鹅高傲之态刻画得入木三分，颇具"丰氏"语言特色。本单元以名家笔下的动物为阅读内容，旨在体会作家是如何表达对动物的感情的，从中学习表达方法，迁移运用于写动物的习作训练中。

二、教学速构

（一）教学内容

课文 5~6 自然段。

（二）教学目标

1. 正确认读"伸长头颈、左顾右盼、厉声呵斥、厉声叫嚣、引吭大叫、大模大样、步调从容、架子十足"等词语，学会正确书写"蹲"字。

2. 在文字中展开联想，加深感悟，个性化、有感情地朗读课文。

3. 在画面与文字、读与想象中感悟白鹅高傲的特点，体会作者幽默风趣、生动形象而富有个性的描写方法。

（三）教学重难点

在画面与文字、读与想象中感悟白鹅高傲的特点，体会作者幽默风趣、生动形象而富有个性的描写方法。

三、教学流程

（一）"漫画"导入，引出课题

1. 同学们，喜欢看漫画吗？（板书：漫画）漫画有什么特点？

（转述学生的话：是的，漫画简单、易懂。漫画还很形象、幽默风趣。）

2. 瞧，这幅漫画，你看到了一只怎样的鹅？

（转述学生的话：哇，你们都觉得这是一只高傲的鹅啊！）（板书：高傲）你是怎么看出的呢？

3. 是的，就是这么简简单单、寥寥数笔就让一只高傲的白鹅跃然纸上了！这位了不起的艺术大师究竟是谁啊？

4. 他就是我国著名的漫画家、散文家丰子恺先生。（板书：丰子恺）丰子恺先生不仅擅长画动物，还擅长写动物，今天，我们就一起来学习他写的这画上之物，（板书课题）齐读课题——白鹅。

【要点提示：此环节为导入环节，用时1~2分钟。教师用聊天的语气，自然地打开话匣子，与学生展开轻松、愉快的对话。以"漫画"为话题，引出文中插图，引导观察插图，初步感受丰子恺的语言特色，从而导出课题。】

（二）情境学词，读中感傲

1. 你们看，课件上的这幅漫画，画面是静止的，但白鹅"高傲"的神韵已表露无遗啊！丰子恺爷爷的画工确实过硬，而他的文字更是神奇。

2. 瞧！文中的这组词，让画中之"鹅"动起来啦，谁来读？

（第一组词语：伸长头颈、左顾右盼）什么是"左顾右盼"？谁来模仿白鹅的这个动作？

（第二组词语：厉声呵斥、厉声叫嚣、引吭大叫）好的，谁来读这组词语，让画中之"鹅"叫起来？同样是叫，它们的叫声一样吗？"呵斥"是大声斥责。"嚣"从字形上我们就可以看出，有四张嘴巴都在叫，可吵闹了。"吭"又是指哪个部位呢？是的，就是喉咙，引吭大叫就是伸长脖子大声叫嚷！

（第三组词语：大模大样、步调从容、架子十足）高傲的"鹅"走起来啦，谁来读？哇，这姿态特别高傲，特别神气！

【要点提示：学词环节用时 2 分钟。教师要在教读词语中，引导学生联系生活中的画面，让学生既理解了词语的意思，又感受到了作者风趣的表达。】

（三）读中联想，品味语言

1. 丰子恺先生用词确实妙，读着读着，漫画上的白鹅高傲的姿态就越发形象、有趣了！难怪有人说"丰子恺先生的文字中总有漫画的味道"。（板书：文字）

2. 真的是这样吗？打开书，自由读课文，边读边想：你从哪些文字中看到了有趣、生动的画面？

（1）有的同学找到了这句话，我们一起读一读。

（出示句子：凡有生客进来，鹅必然厉声叫嚣；甚至篱笆外有人走路，它也要引吭大叫，不亚于狗的狂吠。）

读着读着，你的脑海里浮现出了一幅怎样的画面？

（转述学生的话：①你说你看到了家里有人来，白鹅就挥动着双翅，伸长了脖子，不停地叫着，叫声响彻四方；②你说你也看到了这样的画面：门外有人走过，白鹅立刻大声叫起来，仿佛在说："这是我的地盘，不许往这儿走！"）

同学们，句中的"不亚于"这个词是什么意思？

（转述学生的话：你说意思是"看家的本领不比狗差"。原来，傲慢的鹅老爷抢了狗的看家本领啦！狗要下岗喽！）

你能给这么有趣的画面起个题目吗？

（转述学生的话：你觉得这个画面写的是凶鹅看门，真有趣！）

（2）你还读出了哪些有趣的画面呢？

（出示句子：它常傲然地站着，看见人走来也毫不相让；有时非但不让，竟伸过颈子来咬你一口。）

我们先来读读。读着读着，你的脑海里又浮现出了一幅怎样的画面？

（转述学生的话：你看到了一只大白鹅扑闪着两只大翅膀冲向路人，还张大嘴咬住了路人的衣角。）

俗话说："人不犯我我不犯人！"而我们高傲的鹅老爷却是"人不犯我，我还犯人"，霸道十足啊！

你也来给这个画面起个题目。

（转述学生的话：你给这幅漫画起的题目是——凶鹅咬人。）

（3）你找到了这个画面。

（出示句子：鹅老爷偶然早归，伸颈去咬狗，并且厉声叫骂。）

读一读，你的脑海里又浮现出了一幅怎样的画面？是啊，有意思！鹅居然和狗较量上了！

你也给这幅画面起个题目。

（转述学生的话：鹅狗暗战，这个题目有意思！）

3.瞧，大家这么仔细一读，由文字展开想象，就读到了这么多逗趣的画面，就像在读一本漫画册，让我们回味无穷啊！

【要点提示：此环节为过渡环节，用时3分钟。教师从文中选择富有画面感的句子，激发学生在阅读中想象的兴趣，演绎时语言要富有童趣，讲出画面感。】

（四）聚焦画面，个性朗读

1.对照文字，想想画面，比一比，这里哪个"画面"爆笑指数最高？

2.我们走近鹅吃饭的画面吧。一起研究一下，丰子恺是如何做到用文字营造这么生动、有趣的画面的。

3.要走进"鹅狗争食"这场暗战，先得了解白鹅是怎么吃饭的。能用文中的一个词来概括吗？（生：三眼一板）

（1）三眼一板也叫一板三眼，在我国的戏曲里，通常把拍子叫作"板、眼"，"板"是重拍，"眼"是弱拍。

（2）词语一旦改变了语言环境，它又会有什么不一样的表达效果？联系上下文，说一说在文中"三眼一板"指的是什么？（出示句子：鹅吃东西时，总是先吃一口冷饭，再喝一口水，然后再到别处去吃一口泥和草。）

（3）孩子们，鹅老爷上场吃饭喽！谁来读？

是呀，它从不改变食物，总是——请你读：先吃一口冷饭，再喝一口水，然后再到别处去吃一口泥和草。

它也从不改变顺序，总是——你来读：先吃一口冷饭，再喝一口水，然后再到别处去吃一口泥和草。

哪怕其他的家畜来骚扰它，它还是——一起读：先吃一口冷饭，再喝一口水，然后再到别处去吃一口泥和草。

（4）不管遇到什么情况，它的吃法从不改变，这样的吃法便是——（三眼一板）。

这样呆板、一丝不苟的吃法难怪引起了一场鹅狗大战（出示第6自然段）。

4.请同学们自由朗读这段，边读边想象文字背后的画面。

5.闭上眼睛，来听听老师朗读。在老师朗读时你又想象到哪些有趣的画面呢？

6.大家来说说，听着朗读，你看到了一只怎样的鹅，一只怎样的狗呢？

（转述学生的话：①你看到了一只凶神恶煞的白鹅，一只胆小如鼠的狗；②你看到了一只凶巴巴的白鹅，看到了一只像小偷一样的狗。）

7. 这真是一对冤家啊！下面，请同桌合作来读读，一个人读描写鹅的语句，一个人读描写狗的语句。自由练习吧！

8. 让我们带上自己的体会用朗读来演绎这部"鹅狗暗战"的精彩大片吧！哪一组同桌愿意来展示一下自己的朗读？

9. 作者是怎么写出这样精彩、逗趣的画面的呢？

（1）（出示文中插图）回到这幅漫画，正如大家说的，就是这样的一笔，让白鹅抬起头，就这么一笔让白鹅翘起尾巴，这么一笔让白鹅迈出脚蹼，白鹅高傲的姿态就显露出来了。这些在画作中称为"点睛之笔"啊！而文字中也有"点睛之笔"。这些语句中，少了哪些字或词，你觉得这个画面就不生动、不那么有趣了？请大家分别组成四人小组合作学习，一起讨论：哪些字词用得"妙"？"妙"在哪儿？

（2）好的，我们来分享各组的学习成果。第一小组来汇报。

（转述学生的话：你们说"鹅老爷"中"老爷"一词用得妙！）

（3）我们用"还原法"去掉"老爷"一词，来对比地读读。这么一读，我们发现没有了"老爷"两字，似乎这只白鹅就不那么有趣了。同学们，老爷是谁啊？是一家之主，在旧社会可是家里最有权威的人啊！啥事儿都得他说了算！这里作者妙把白鹅当人写，凸显出了白鹅的高傲之态！（板书：妙当"人"写）

（4）（转述学生的话：你们组觉得描写狗和白鹅的一些动作词特别妙。）

快把它们读出来：躲、窥伺、跑、逃、蹲、静候；伸长、厉声叫骂、昂首大叫。这些动作词把白鹅和狗抢食的姿态描写得活灵活现！（板书：妙用"动"词）

（5）同学们，"蹲"字是一个形声字，左边的足字旁是形旁，（足）+（尊，弯腰屈膝敬拜）。从"蹲"字看出了什么？是的，一个总是偷偷摸摸；一个总是傲慢无礼。

（6）老师就纳闷了，明明题为"白鹅"，写的是白鹅啊，为什么要写狗呢？是不是很多余？

（转述学生的话：你说一个好似故事里的主角儿，一个好似故事里的配角儿，用狗这个配角儿的猥琐来衬托出主角儿白鹅的高傲。）（板书：妙以"狗"衬）

【要点提示：此环节为重点段落教学环节，用时8分钟。以师生对话式互动为主要形式，学生在教师语言的引导下，参与到读、思、演、议多角度的语文实践活动中，课堂气氛活跃，学生学得兴趣盎然。】

（五）总结方法，布置练笔

1.同学们，丰子恺爷爷把鹅当成人来写，用了生动形象的动作词，并找来了狗陪衬，他的文字画面感就更强了，文中白鹅"高傲"的姿态就更形象了！

2.这高傲的白鹅可是处处树敌啊！你们瞧，这段视频又记录了它与大公鸡的一场恶斗，仔细看，看完以后，尝试着用今天学到的描写方法写一段"鹅鸡大战"。

【要点提示：此环节为收尾环节，用时1分钟。教师总结板书上的学法，将学法迁移至片段练笔中，达到学以致用的目标。】

四、板书设计

白　鹅　丰子恺

蹲

漫画　　高傲　　文字 ┬ 妙当"人"写
　　　　　　　　　　├ 妙以"狗"衬
　　　　　　　　　　└ 妙用"动"词

22

统编版四年级下册

《记金华的双龙洞》

陈学娟　执教

一、扫描文本

《记金华的双龙洞》是统编版小学语文四年级下册第五单元的第二篇精读课文，是叶圣陶先生写的一篇游记。作者按游览的先后顺序，先写了去双龙洞途中的风光，接着写双龙洞洞口的景色，再写怎样通过孔隙来到内洞，最后写出洞，融情于景，表达了作者对祖国秀丽山河的热爱之情。

二、教学速构

（一）教学内容

课文 1~5 自然段。

（二）教学目标

1. 正确、流利、有感情地朗读课文，学写"窄"字。

2. 了解课文是怎样按游览顺序记叙了作者游双龙洞的所见所闻的。

3. 了解金华双龙洞的奇特景观，激发学生热爱祖国美好山河的思想感情。

（三）教学重难点

了解金华双龙洞的特点，领会作者是怎样按游览顺序有条理地记叙双龙洞的所见所闻的。

三、教学流程

（一）谈话导入，引出课题

1. 同学们，告诉你们一个振奋人心的消息：明天我们要去春游啦！看到你们咧开嘴笑了。不过，游玩之后我们要写一篇游记哦！呀，马上眉头皱起来了。那今天我们就来学一学如何写游记。（板书课题）请读课题——记金华的双龙洞。

2. "记金华的双龙洞"，初读到这个题目的时候，你知道了什么？

（转述学生的话：①你很细心，从这个"记"字了解到这是一篇游记；②你知道了这个景点是在浙江省。）

3. 读了这个课题，你们想知道什么？

（转述学生的话：①为什么要起名为双龙；②不得了，你很会思考，你想知道叶圣陶爷爷是怎么写游记的；③金华除了双龙洞还有什么值得游览的地方。）

4.看来你们的兴致一点也不亚于叶圣陶爷爷，有了疑问就有了阅读的兴趣，带着疑问与探究的兴趣赶紧走进课文吧！

【要点提示：此环节为导入环节，用时 1~2 分钟。通过谈话的方式，激发学生的学习兴趣。教师心中要有培养学生见课题产生疑问的意识，通过质疑课题，让学生产生阅读的兴趣，带着问题走进课文，引发进一步的思考。】

（二）梳理全文，板画理思

1.请同学们自由读全文，边读边想：作者都游览了哪些地方呢？谁来说说？

（转述学生的话：作者从金华出发到罗店，来到洞口，进入外洞，再由孔隙来到内洞，最后出洞。）（一边转述一边板画。）

2.你从老师的板书中看出了什么？是的，这就是作者的游览顺序。

【要点提示：此环节为梳理全文的环节，用时 1 分钟。让学生通过朗读对课文有初步的了解，通过提问，梳理全文，板书示意，初步点出本单元的语文要素：了解课文按一定顺序写景的方法。】

（三）聚焦文段，体验阅读

1.刚才我们走马观花，现在我们再读课文，想一想哪一处的景物让你印象深刻？

（转述学生的话：①你喜欢外洞；②看来孔隙让你们感受很深。）（板书：外洞　孔隙）

2.同学们，现在我们听着流淌的小溪（课件播放溪水声音）缓缓前行来到了洞口。请看洞口，你有什么感觉？

（转述学生的话：特别大，特别高。）

3. 你从哪里看出来的?（学生：突兀森郁），这是什么意思?（学生：指的是山峰高耸的样子）你真会抓关键词，请你来读一读，读出外洞突兀森郁的感觉来。

4. 我们全班一起读一读。真好，读出了它的气势。同学们，进入外洞又有什么感受?请从文中找到相应的句子。

（转述学生的话：①非常宽敞，八百个人开会都不觉得挤；②"走进去仿佛来到一个大会堂"说明很大。）（板书：高、宽、大）这么大的外洞，我们要好好读一读。从你们的朗读中，让人感受到外洞大到不可思议。

5. 我们继续跟着作者乘小船来到了孔隙。看来这段内容给很多同学留下了深刻的印象。请你们说一说从这段中你知道了什么?

（转述学生的话：①孔隙是一个很小的裂缝；②孔隙很小很小。）

6. 孔隙是什么意思?大家都认为孔隙很小，对吗?可是，文中有这么一句："虽说是孔隙，可也容得下一只小船进出"。它还小吗?（学生：不小）

7. 那为何又称它为孔隙呢?它到底是大还是小?

（转述学生的话：称它是孔隙，是与外洞进行比较，外洞像一个大会堂，而孔隙却只能容下一艘小船进出，相比之下，就显得特别小。）

8. 你可真会读书，知道从文中找到蛛丝马迹，通过联系上文来理解内容，值得大家学习。从这段话中你们还知道了什么?

（转述学生的话：过孔隙要乘小船，小船只能容纳两个人并排仰卧。）那什么叫作并排仰卧呢?我请两位同学上台来做个示范。说明什么呢?（学生：孔隙很窄）

9.（板书：窄）"窄"字是本节课的生字，写的时候注意上下结构，注意比例，上收下放。现在请你们在课本"窄"字田字格旁也写一个"窄"，注意头正、肩平、腰直、足安。

10.老师有个疑问，这里明明是写孔隙，为何又先写小船呢？

（转述学生的话：①小船越窄，说明孔隙也越窄；②这里是通过写小船的窄来突出孔隙的窄。）

11.除了"窄"这个特点之外，还有什么特点？

（转述学生的话：从"我怀着好奇的心情……撞破额头，擦伤鼻子"，这些语句中感受到孔隙的矮。）

这句话中的哪些词体现了它的特点？（学生：贴）

可以用其他词代替吗？如"靠""挨"？

（转述学生的话：①不能，"贴"说明了是刚刚好，不偏不倚，说明孔隙的矮；②你还要补充，你觉得挤压也能感受到孔隙的矮。）

挤压是什么意思呢？从左右向中间用力叫——（学生：挤），从上向下用力叫——（学生：压）山石真的会向人挤压过来吗？——（学生：不会，文中是用了"似乎""感觉"）此刻如果你是作者，你的心情是怎样的呢？（学生：紧张、担心）

12.是啊，你说得真好，挤压这个词，写出了孔隙的矮、险，又写出了作者过孔隙时的真实心情。（板书：矮、险）

13.现在请你读读，把作者过孔隙时的心情读出来。如何才能读好呢？不急，我们来看看游人过孔隙的视频。（播放）你能再来读一读吗？你告诉大家，你是怎么读得如此绘声绘色呢？

（转述学生的话：把自己当成作者，仿佛自己在过孔隙一样。）

是啊，把自己放到文本中，一边读一边想象过孔隙的画面，你真会读书，学着他的样子也来读一读。

【要点提示：此环节为重点段落教学环节，用时10分钟。"了解课文按一定顺序写景的方法"是本单元的语文要素之一，为进一步落实此训练点，教学中主要通过引导学生深入了解作者是怎么通过抓住景物的特点，把景物有条理地记录下来。知道作者是怎样按游览顺序有条理地记叙双龙洞的。在教学中引导学生深入思考，想象画面，带领学生入情入境。】

（四）回顾写法，延续思考

回到课前我们谈到的，如何写一篇游记呢？谁来说说？

（转述学生的话：①按照一定的游览顺序，按照自己行走的路线来记录；②把感受最深的景点通过抓住其特点重点记录下来。）

看来今天的课你们收获满满，期待明天你们写的游记。

通过品读，抓关键词，联系上下文，我们知道了作者的游览顺序、外洞和孔隙的特点，那么内洞又是怎样一番别有洞天呢？下节课我们继续学习。

【要点提示：此环节为总结延伸，用时1分钟。教师在此环节要总结板书内容，并提炼学法，将课延伸到课后。】

四、板书设计

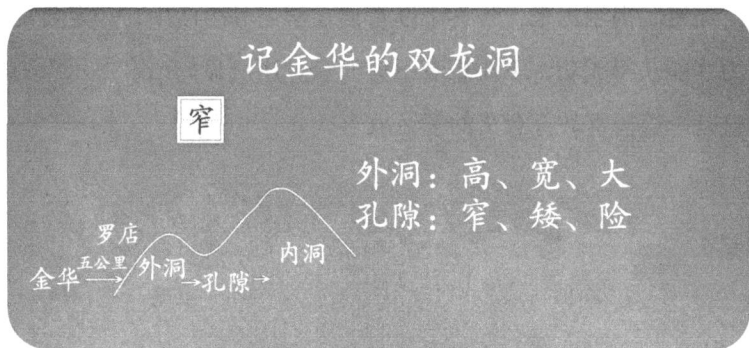

23

统编版四年级下册

《宝葫芦的秘密》

俞卉 执教

一、扫描文本

《宝葫芦的秘密》是统编版小学语文四年级下册第八单元的第一篇精读课文，是童话大师张天翼笔下的一篇名作。阅读此文，你会情不自禁地跟随主人公王葆走进离奇的故事情节中，走进幻想的世界里，感受童话的神奇魅力。故事语言简练，想象丰富，情节曲折，文章到最后才把"秘密"揭示出来，告诉小读者们在学习和生活中，一定要经过不断努力才能获得成功，不要想着不劳而获。用浅显的语言揭示深刻的道理，这是一篇极富教育意义的童话故事。

二、教学速构

（一）教学内容

课文 4~19 自然段。

（二）教学目标

1. 认识"矩、撺"等8个生字，学写"矩"字。

2. 默读课文，了解王葆想得到宝葫芦的原因，感受宝葫芦的神奇，体会人物的形象。

（三）教学重难点

默读课文，了解王葆想得到宝葫芦的原因，感受宝葫芦的神奇，体会人物的形象。

三、教学流程

（一）视觉享受，引出"宝葫芦"

1. 同学们，今天，老师请来了一位新朋友。瞧，它是什么？读——葫芦。（板书：葫芦）

2. 它可不是一个普通的葫芦，它可是有秘密的宝葫芦。（补充板书：宝葫芦的秘密）

猜猜看，它里面装着什么秘密？猜不着吧，让我们一起看一段电影片段（播放：《宝葫芦的秘密》）

3. 这部电影很有趣吧，这段视频就是根据今天咱们要学习的课文改编的。还等什么？赶快打开课本，到文中看看吧。

【要点提示：此环节为导入环节，用时 1~2 分钟。教师用一段精彩的视频将"宝葫芦"很自然地引出，给学生一种美妙的视觉体验，激发学生的求知欲望，不知不觉地走进了文本。】

（二）读题质疑，体会"秘密"

1. "宝葫芦的秘密"，初读这个题目的时候，你有什么疑问？

（转述学生的话：①到底是什么秘密呢？②这个秘密和谁有关系？）

2. 带着疑问与探究的兴趣赶紧走进课文吧！

【要点提示：此环节为过渡环节，用时 1 分钟。教师要有培养学生疑问的意识，通过质疑课题，让学生产生阅读的兴趣，带着问题走进课文，引发进一步的思考。】

（三）朗读对话，品味情感

1. 通过初读课文，我们知道王葆是故事的主人公，他是怎么知道宝葫芦的"秘密"的？请大家细读课文 4~19 自然段，试着用自己的话进行概括。

2. 看到你高举的小手，一定知道答案了。

（转述学生的话：①每次奶奶要王葆做事情之前，都要给王葆讲一个故事；②这可是奶奶和王葆之间的秘密，也是他们立下的规矩。）

3. 你们都有一双火眼金睛，一下子就找到答案了。这里的"规矩"是什么意思？

（转述学生的话：规则、做法。）

4. 遇到不理解的词语，能借助工具书，是学习词语的好办法。

"矩"是这一课的生字，（出示课件："矩"字的金文。教师手指课件讲解）这是古代的"矩"字。大家看，像不像一个人手里拿着一把尺子？其实，"矩"的本义是画直角或方形用的曲尺，也指法则，规矩。让我们一起动笔写一写这个字。

5. 我们的生活中，哪些地方要讲规矩？

（转述学生的话：①班级公约就是每个班的规矩；②坐公交车要讲规矩；③外出旅游也要讲规矩。）

6. 原来，有这么多地方都得讲规矩。俗话说：没有规矩，不成方圆。王葆和奶奶是一对祖孙，他们之间有没有要守规矩的地方呢？你说有，证据在哪儿？

（转述学生的话：①你从他们之间的对话中看出来；②答案就在文中9~14自然段。）

这可是一个重大的发现！请同学们同桌互相练习对话，等会儿再请一对"祖孙"来演一演。刚才老师看到同学们都读得很投入，谁愿意扮演这一对祖孙？

请最角落的一组同桌来试试。（稍作停顿）不错，看得出来他们的感情深厚。还有哪一组同学再来演一演，看看能不能赛过他们。请第二组第三排，（用手做邀请的姿势）一个是疼爱孙子的奶奶，一个是调皮可爱的孙子，这样的祖孙情真让人羡慕。

现在，我把祖孙俩对话的旁白删掉，女生读奶奶说的话，男生读王葆说的话，再体会一下。

（出示课件）

"乖小葆，来，奶奶给你洗个脚。"

"我不干，我怕烫。"

"不烫啊。冷了好一会儿了。"

　　"那，我怕冷。"

　　"你爱洗就让你洗，你可得讲个故事。"

　　"好小葆，别动。"

　　"让我给你剪一剪……"

　　"那，非得讲故事。"

　　这段话与文章中的对话进行对比，你有什么发现？文中的旁白主要是"我"和奶奶的动作描写，去掉后有什么不同？哪一种语言表达得更好呢？

　　（转述学生的话：①你说文中的对话更加生动、幽默、风趣；②加上动作的对话更有画面感；③文中的语言更能体现奶奶和王葆之间感情深厚。）

　　7. 刚才，同学们都各自发表了自己的看法。的确，这就是童话故事语言的突出特点：幽默、风趣、富有想象力。（板书：幽默　风趣　富有想象力）

　　就这样，十多年过去了，奶奶为了让王葆听话，给王葆讲了许多宝葫芦的故事。奶奶真可谓是"故事大王"，每次讲的故事都各具特色，让人百听不厌。奶奶都讲了哪些故事呢？请大家用跳读的方法，到课文中去寻找答案吧。

　　（转述学生的话：①你找到了奶奶上次讲的是张三撞见神仙，得到宝葫芦；②李四龙宫游玩得到宝葫芦；③王五肯让奶奶换衣服，得到一个宝葫芦；④赵六掘地时得到了一个宝葫芦。）

　　（板书：张三　李四　王五　赵六）

　　大家发现了吗？张三、李四、王五、赵六这四个人得到宝葫芦的方法都——（稍作停顿）不一样。他们得到宝葫芦后，发生了什么？请最后一排的女生来说。

（转述学生的话：①张三想吃水蜜桃，马上出现水蜜桃；②李四想要一条大花狗，就有一条大花狗。）

8. 你们能从课文中快速提取关键信息，很不错。故事中，不管张三也好，李四也好，一得到这个宝葫芦，可就——

（引读：幸福极了。）

是啊，得到宝葫芦就代表过上了幸福的生活。这是一件多么神奇的事啊！让我们一起读读奶奶说的宝葫芦的故事，品味作者的语言魅力。（引读：张三——，李四——，王五——，赵六——。）

9. 每一个故事都各不相同。老师觉得文中的故事还不够具体，咱们一起展开想象的翅膀，给每一个故事都加上一些细节，使故事变得更加生动、形象。下面，请大家在学习小组内交流一下。

看到大家讨论得热火朝天，我都不忍心打断你们。今天，就让我们一起开展一次"故事大王"比赛吧。（邀请三个学习小组进行展示）

刚才，有的小组加上人物对话进行创编，有的小组加上人物的动作和神态进行创编。看来，大家都是创编故事的高手，不仅改得好，而且讲得妙。语言流畅，语调抑扬顿挫，做到了声情并茂。你们个个都是故事大王，不分伯仲。

10. 一晃十多年过去了，奶奶不知给王葆讲了多少宝葫芦的故事。听着听着，王葆长大了，他常常联系到自己，要是也有一个这样的宝葫芦，该多好啊！

【要点提示：这一环节是学习课文的重头戏，用时 10 分钟。"感受神话的奇妙，体会人物真善美的形象"为本单元的语文要素之一，为落实此训练点，教学中运用对比读、分角色朗读，体会祖孙之间的深厚情感，用创编故事的方式，调动学生的多种感官，体会童话语言的魅力。】

（四）总结全文，延续思考

同学们，这节课我们跟随作者走进神奇的童话，感受张天翼爷爷幽默、风趣的语言风格，发现奶奶讲的宝葫芦的故事情节各异，但它们的结果都一样，拥有宝葫芦就拥有幸福。大家通过创编故事，感受童话丰富的想象力。那一个个有趣的故事带领我们走进主人公王葆的心灵，走进宝葫芦的神奇世界。难怪王葆对宝葫芦充满了无穷无尽的幻想，渴望得到它。那么，王葆的幻想到底能不能实现呢？我们留着下节课学习。

【要点提示：此环节为总结延伸，用时 1 分钟。教师在此环节要总结板书内容，提炼学法，将创编故事延伸至今后的学习中，引发学生的阅读期待。】

四、板书设计

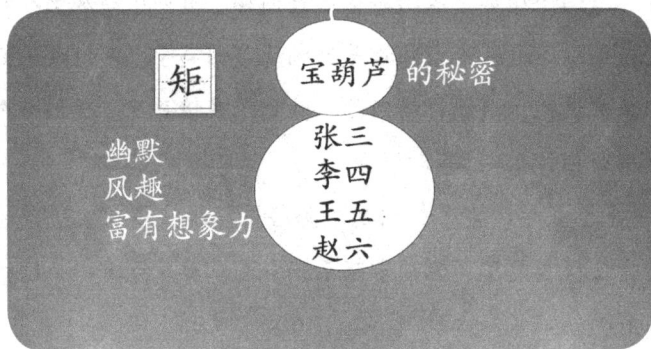

24

统编版四年级下册

《巨人的花园》

林威 执教

一、扫描文本

　　《巨人的花园》是统编版小学语文四年级下册第八单元的第二篇精读课文，是一篇充满奇妙想象与美好情感的童话。在作者王尔德的笔下，原本冷酷蛮横的巨人，最终变成了心地善良的人，和孩子们一起分享花园，享受快乐……文章充满童话的趣味性，通过描写巨人和孩子们的言行和花园产生的变化，揭示了"分享才能真正获得快乐"这一深刻主题。

二、教学速构

（一）教学内容

课文 10~15 自然段。

（二）教学目标

1.正确、流利、有感情地朗读课文，学写"砌"字。

2.边读边思考花园的景色为什么会发生变化，小男孩给巨人带来的变化。

3.品味童话的奇妙，体会人物真善美的形象。

（三）教学重难点

品味童话的奇妙，体会人物真善美的形象。

三、教学流程

（一）回顾"砌墙"，承上启下

1.同学们，刚才我们已经学习了课文的 1~9 自然段，知道巨人做了一件什么事？对了，就是砌墙。（板书：砌）巨人砌了一堵墙，把孩子们挡在了花园之外，这也给巨人的花园带来了神奇的变化。这就是童话，情节奇妙，充满想象。

2.大家请注意，这个"砌墙"的"砌"字可是本课的生字，请同学们伸出手，跟着老师一起来书空这个砌字。左边是石字旁，左右结构的字，注意要写得左窄右宽，右边的切字不要写错笔画。好了，请在课本的空白处，试着写一写吧。

3.巨人砌了一堵墙，把孩子们挡在了花园的外头，接下来会发生什么奇妙的事情呢？让我们继续来学习。

【要点提示：此环节为过渡环节，承接前面 1~9 自然段的教学，用时大概 1 分钟，并在此处引出文本结构中的第一层：砌墙。加上结合

"砌"字的生字练写，自然地完成识字写字任务。点明童话"奇妙"的文体特点，为接下来的教学做铺垫。】

（二）细读"钻墙"，感受变化

1.下面请同学们读课文的10~13自然段，边读边思考，围绕着这一堵墙，又发生了什么奇妙的事？

（转述学生的话：你觉得，这一段说的是孩子们从墙的破损处钻进来，结果又给花园带来了春天。）

2.是呀，前面的故事，说的是"砌墙"，在这里，对着这堵墙。如果我们也用一个动词来概括，那就是"钻墙"。（板书：钻墙）巨人砌墙，孩子钻墙。这一钻墙啊，又发生了很多奇妙的事情。再仔细地读一读，勾画出你发现的奇妙之处，说一说。

3.你来说说。（转述学生的话：他抬头望去，一缕阳光从窗外射进来。好几个月没见过这么明媚的阳光了。巨人的花园已经好几个月都像冬天一样严寒，但今天却突然布满阳光，十分奇妙。）是啊，奇妙的事情就这样发生啦！

4.你也说说。（转述学生的话：巨人激动地跑到花园里，他看到花园里草绿了花开了，有许多孩子在欢快地游戏，他们大概是从围墙的破损处钻进来的。）多么美妙，把这句话再读一读，读出草翠花开的美，读出孩子们游戏的欢快。

5.还有吗？（转述学生的话：花园又被冰雪覆盖了。因为孩子们看到巨人很害怕，纷纷逃出了花园，花园又回到了冬天的样子。）是啊！孩子们逃走了，花园又发生了改变，你读一读，全班齐读。

6.你看，孩子们钻墙进入花园，顿时阳光明媚，花红草绿，欢声笑语，等到孩子们逃走后，冰雪覆盖。前后的变化形成了鲜明的对比。

7. 花园前后的景色，为什么会发生如此巨大的变化呢？

（转述孩子的话：①你觉得是因为孩子，孩子来了，就给花园带来了春天，孩子走了，春天又不见了；②有孩子的地方才有春天，通过联系上下文，你发现了问题的答案。）

【要点提示：此环节为教学主环节之一，用时5分钟，旨在通过朗读的训练，了解"钻墙"的奇妙情节，通过朗读指导，读出巨人的花园再次产生不同景色的变化，并且思考和体会花园的景色为什么会发生变化的原因。】

（三）品味"拆墙"，体悟道理

1. 在11自然段的结尾，我们发现有一个小男孩留在了花园里。这个小男孩的身上又将发生什么神奇的事情呢？仔细读13自然段，边读边思考一个问题：这个小男孩是个怎样的孩子？

2. 都读完了吧？谁来说说看，你觉得这个小男孩是个怎样的孩子？

（转述学生说的话：你觉得这个小男孩是个心地善良的孩子，因为"小男孩伸手搂住巨人，亲吻着他的脸颊。"）

是呀，这个小男孩是个亲切善良的孩子。正是因为他，才让巨人明白了一个道理。（出示课件）齐读——没有孩子就没有春天。

3. 孩子的魔力，对花园来说，是什么？（给花园带来了春天。）

4. 孩子的魔力，对巨人来说，是什么？（融化了巨人任性、冷酷的心。）

5. 所以，在孩子的感化下，巨人最终做了一个决定，那就是"拆墙"。（板书：拆墙）他拆除了围墙，把花园给了孩子们。

6. 小结：从一开始巨人"砌墙"，把孩子和春天都挡在了花园外；到后来，孩子们"钻墙"，再一次让花园有了春天；到最后，巨人受到了感化，终于"拆墙"，花园从此成了孩子们的乐园。这堵神奇的墙，见证了花园的变化，也见证了巨人的变化。多么奇妙的一堵墙啊，这就是童话的特点。

【要点提示：此环节为教学主环节之一，用时5分钟，通过品味小男孩的言行和他给巨人带来的变化，体会到巨人明白了道理，概括出"拆墙"这一大意，从而梳理板书，围绕着"墙"，从砌，到钻，到拆，是整个故事的流程。在这堵神奇的墙的故事中，体会童话奇妙的特点，感受人物真善美的形象。】

（四）升华"心墙"，联系生活

1. 同学们，让我们一起齐读课文的14自然段。（从此以后，巨人的花园又成了孩子们的乐园。孩子们站在巨人的脚下，爬上巨人的肩膀，尽情地玩耍。）

2. 想一想，孩子们和巨人在花园里，都会玩些什么呢？

（转述孩子们的话：①你觉得，他们会在巨人的胳膊下荡秋千。真可爱；②你猜孩子们会躲在巨人的背后玩捉迷藏。有意思；③你认为，他们可能还会把巨人庞大的身躯当滑滑梯来玩。可真是有想象力呀。）

3. 是呀，巨人就这样，和孩子们尽情地玩耍，感到无比的幸福。你们觉得，此时，巨人还是巨人吗？其实，他也已经成了一个——孩子。

4. 巨人变成了孩子，这一切，都是从拆除了这堵墙开始的。这堵墙，不仅仅出现在这则童话故事里，其实这堵墙也常常出现在我们的现实生活里，它就是人与人之间的隔阂，其实是一堵"心墙"。当我们与人交往时，只要放下多余的防备，拆除任性、自私、冷漠的"心墙"，多和他人分享，就能获得幸福和快乐。

【要点提示：此环节梳理板书，总结收尾，升华本课的主旨和中心，用时 2~3 分钟，此处，让孩子们展开想象，想想巨人和孩子们将会如何幸福地生活，将贯穿全文的线索"墙"上升为"心墙"，呼吁学生在生活中拆除"心墙"，在生活中学会与人真心、融洽地交往，将本课语文教学的工具性与人文性统一。】

四、板书设计

25

统编版五年级下册

《祖父的园子》

王琼　执教

一、扫描文本

　　《祖父的园子》是统编版小学语文五年级下册第一单元的第二篇精读课文，节选自作家萧红的自传体长篇小说《呼兰河传》。本单元以"童年往事"为主题，课文描写了"我"童年时代跟随祖父在园子里劳动的情景，表现了祖父的园子是"我"童年自由的乐园，表达了对童年生活的眷恋和对祖父的怀念。

二、教学速构

（一）教学内容

　　课文 16 自然段。

（二）教学目标

1. 正确、流利、有感情地朗读课文。

2. 理解课文内容，感受作者在园子中快乐、自由的生活，体会出作者对童年生活的眷恋。

3. 领悟借物抒情的表达方式，感受作者当时的自由。

（三）教学重难点

1. 感受作者在园子里充满乐趣、自由自在的生活。

2. 领悟借物抒情的表达方式，感受作者当时的自由。

三、教学流程

（一）入自由之境

1.（板书：祖父的园子）同学们，通过前面的学习，我们知道了祖父的园子是一个花园、果园，也是一个菜园，那么它还会是什么园呢？一起来听一听、看一看吧！（播放园子里鸟儿飞翔、蝴蝶飞舞、瓜果飘香的画面，同时播放16自然段的朗读录音，把学生带入情境中。）

2. 自由读一读，感受一下，祖父的园子还是一个什么园呢？

3. 谁来跟大家分享一下你的想法？

（转述学生的话：①你觉得这是一个自由园；②你觉得这是一个乐园。）是啊，合在一起，就是一个自由的乐园。（板书：自由）

4. 下面我们就一起走进萧红笔下这个自由的乐园。

【要点提示：此环节为导入环节，用时2分钟，能够激发学生的兴趣，活跃学生的思维，让学生初步感受到这还是一个自由的乐园。】

（二）赏自由之景

1.同学们，你是从哪里感受到祖父的园子是一个自由的乐园的呢？读一读、画一画你找到的句子。

2.你们找到了哪些句子呢？（转述学生的话）

①你找到了"花开了，就像睡醒了似的。鸟飞了，就像在天上逛似的。虫子叫了，就像虫子在说话似的。"

②你找到了"一切都活了，要做什么，就做什么。要怎么样，就怎么样，都是自由的。"

③你找到了"倭瓜愿意爬上架就爬上架，愿意爬上房就爬上房。黄瓜愿意开一朵花，就开一朵花，愿意结一个瓜，就结一个瓜。若都不愿意，就是一个瓜也不结，一朵花也不开，也没有人问它。玉米愿意长多高就长多高，它若愿意长上天去，也没有人管。"

④"蝴蝶随意地飞，一会儿从墙头上飞来一对黄蝴蝶，一会儿又从墙头上飞走一只白蝴蝶。它们是从谁家来的，又飞到谁家去？太阳也不知道。"

3.那大家能不能概括一下我们刚才找到的句子都是描写什么的呢？（转述学生的话：描写景物的，你概括得特别准确。）（板书：景）现在请把这段写到的景物按顺序圈起来，一个都不能少。

同学们，你们圈了哪些景物呢？

（转述学生的话：你圈了"花"，"鸟""虫子"，"倭瓜"，"黄瓜"，"玉米"，"蝴蝶"。嗯！你太棒了，找得非常全面。）

4.那么，作者是用什么方法把园子里的一切事物都写得那样自由自在的呢？（让学生体会表达的妙处，自由交流。）

（转述学生的话：①你认为运用了拟人的手法，花活了，就像睡醒了似的；鸟活了，就像在天上逛似的； 虫子活了，就像在说话似的；（板书：拟人）②你认为这3句还运用了排比的手法，把一切都写活了，你真厉害；（板书：排比）③你认为对"倭瓜""黄瓜""玉米"的描写也运用了排比和拟人。）

5. 朴素的文字，普通的景物，处处传达着自由与快乐，带着这样的感受齐读这段。

【要点提示：此环节为重要环节，用时3分钟。教师要引导学生自主发现作者表达的妙处，提升学生的审美能力和表达能力。】

（三）悟自由之情

1. 同学们，萧红为什么要把这些植物、动物，写得这么自由自在？

（转述学生的话：①你认为因为萧红在园子里玩，她自己也是自由的。她自己很自由，所以她看到周围的一切也都是自由的；②你认为写动植物自由是为了表达自己当时的自由，抒发情感。老师同意你们的观点。）（板书：自由 情）

2. 借助景物来表达情感，这种表达方式叫什么呢？（转述学生的话：借景抒情。）（补充板书：借 抒）

3. 作者把园子里的一切事物写得那样自由自在，我们可以通过朗读的方式来体会。比如写花、鸟的这两句话，你怎么读让人觉得这花、鸟确实很自由，自己试试看。（学生先自由读描写"花""鸟"的句子，再指名读，谈对这三句话的理解，对大家的理解予以肯定与表扬。）

4. 作者下面还对倭瓜、黄瓜、玉米、蝴蝶进行了描写，老师与你们合作读，老师读停顿了，你们立马接上读，同时还要与老师的朗读节奏保持一致哦。

5. 这段话中，哪一个字出现的频率最高？"就"，非常准确。

数一数，"就"字一共出现了几次？（学生：11次）

作者是不经意写的，还是特意写的？（学生：特意写的。）

作者为什么特意这么写，你们猜猜看？（学生：为了强调这些事物是自由的。）是的，这就是萧红的文字魅力，这种自由通过一连串的排比句式"愿意……就……"表达出来，真是想干什么就干什么。

6. 我们还可以把自己当成园子里的一只蝴蝶或者一朵花，或者一棵树，来表达你的快乐和自由，一起读——（引读16自然段）

【要点提示：此环节为难点段落教学环节，用时8分钟。"体会课文表达的思想感情"为本单元的语文要素之一，教学中以有感情地朗读、把自己想象成文中的角色、分析景物描写等策略，落实教学目标，使学生掌握体会思想感情的方法。】

（四）感自由之爱

1. 同学们，萧红为什么可以这样自由自在呢？

（转述学生的话：正因为有这么一位宽容、慈爱的祖父，萧红才可以在园子里为所欲为。前面很多地方写祖父怎么样，萧红就怎么样。）

祖父戴一顶大草帽	我戴一顶小草帽
祖父浇花	我也浇花
祖父铲地	我也铲地
祖父……	我也……

2. 总而言之，祖父干什么，萧红就干什么，祖孙俩形影不离，那画面好温馨啊！慈祥的祖父给萧红带来了无比的幸福，祖父的园子给予萧红无穷的快乐。祖父宽容的爱给了萧红心灵的自由，所以，在萧红眼里园子里的一切都是自由的。祖父、萧红、园子就这样紧紧地联系在了一起，不可分割。

（五）拓自由之园

1. 萧红在《呼兰河传》中这样说——

就这样，一天一天的，祖父，后园，我，这三样是一样也不可缺少的了。

祖父教我的有《千家诗》，并没有课本，全凭口头传诵，祖父念一句，我就念一句……

2. 原来，祖父的园子还是一个校园，祖父的园子还会是一个什么园呢？小时候自由奔放的萧红，长大后是不是还会继续拥有这样自由快乐的生活呢？

（出示资料，学生自由读：成年后的萧红过得并不如意，很少有人的生活像她一样坎坷。18 岁的时候，祖父去世了，20 岁的时候，她为了反抗包办婚姻，离开了自己的家，流浪在外。她的生活从此陷入了困顿，起码的吃、住都没有着落，她一生也没有拥有一个幸福安定的家。《呼兰河传》就是萧红在逃亡过程中写下的一本回忆录。茅盾曾这样评价《呼兰河传》的艺术成就："它是一篇叙事诗，一片多彩的风土画，一串凄婉的歌谣。"）

3. 《呼兰河传》中还有很多关于这个园子的描写，希望同学们课后可以读一读这本书。

【要点提示：此环节为拓展延伸，用时 4 分钟。教师在此环节设置悬念，激发学生继续去了解萧红，引发学生阅读整本书的热情，全面提升学生的语文素养。】

四、板书设计

祖父的园子

借（自由）景

排比　　　拟人

抒（自由）情

26

统编版五年级下册

《梅花魂》

王剑燕　执教

一、扫描文本

　　《梅花魂》是统编版小学语文五年级下册第一单元的第二篇略读课文，作者通过对童年时代的回忆，讲述了外祖父思念祖国的故事。通过对略读提示的研读，确定这篇课文的学习要点是：尝试概括、体会感情、理解题意。结合本单元的语文要素——体会课文表达的思想感情，以及《祖父的园子》《月是故乡明》两篇文章方法的习得，《梅花魂》这一课重在习得方法的运用。

二、教学速构

（一）教学内容

课文 12~16 自然段，勾连 2 自然段。

（二）教学目标

1. 正确、流利、有感情地朗读课文。

2. 品读课文，体会外祖父思念家乡、眷恋祖国的情怀，领悟梅花魂。

（三）教学重难点

品读课文，体会外祖父的思乡恋国情怀，领悟梅花魂。

三、教学流程

（一）赏梅入文，初探梅花魂

1. 都说梅开百花之先，不为争春只为报春，从古至今，许多文人墨客们都赞颂它高洁的品格。此时，大家应该会想起这些诗词：

墙角数枝梅，凌寒独自开。

已是悬崖百丈冰，犹有花枝俏。

2. 读着诗句，我们可以感受到梅花愈是寒冷，风欺雪压，就愈是秀气。刚才我们通过对课文内容的梳理，概括出文章写了"教诗词落泪""爱惜墨梅图""难归而痛哭""赠予墨梅图""送梅花手绢"这五件典型事例。还发现了在文章的开头、中间、结尾都有流泪的画面，像这种反复出现的细节画面，最值得我们关注。

3. 你们有没有发现文章中还有事物是反复出现，一直藏在文章中的？对了，就是梅花。写外祖父的事例一直都和梅花相关联，到底是为了表达外祖父怎样的思想感情呢？让我们一起走进事例中，寻找答案吧！

【要点提示：赏梅入文，既能过渡教学环节，又能勾连梅花文化，有助于学生对梅花精神的理解。用时 2 分钟。】

（二）品事入境，再探梅花魂

1. 同学们都关注到了写梅花有三个事件："爱惜墨梅图""赠予墨梅图"和"送梅花手绢"。先请同学们默读"爱惜墨梅图"段落，想一想，这里表达了外祖父怎样的思想感情？（出示文段）

2. 你说表达了外祖父对墨梅图的喜爱之情。（板画：爱心）

3. 你是怎么理解的呢？（转述学生的话：你发现了文章采用对比的写法，对于不少价值不菲的古玩，无论"我"怎么摆弄，老人都不甚在意，足以见得对外孙女的疼爱；唯独那幅墨梅图，他分外爱惜，不小心弄脏了，顿时拉下脸来，第一次训斥女儿。）

4. 你很会发现，这前后的对比、态度的变化着实让人猜不透。

5. 你还有发现？哦，外祖父用刀片轻轻刮去污迹，又用细绸子慢慢抹净。想象一下，假如你就是这个五岁的外孙女，你会体会到什么？是啊，外祖父那么疼爱我，连价值不菲的古玩被我摆弄都不在意，但为什么唯独对这普普通通的墨梅图不一样呢？看来墨梅图在他心目中占据着非常重要的地位。通过前后的对比以及神态和动作等细节描写表达了外祖父对墨梅图的爱惜和看重！

6. 既然外祖父对墨梅图这么爱惜和看重，为何在临行前又赠送给外

孙女呢？很好，大家都关注到了这段话，和老师一起朗读。（聚焦 13 自然段）（配乐朗读）

7. 原来，在老人的心中，他珍爱的不是名师佳画，而是画中所画的梅花。因为它是最有品格、最有灵魂、最有骨气的。他不但爱梅花，更热爱那些像梅花一样有气节的人。那么"气节"是什么意思呢？什么是"有气节"的表现呢？

（转述学生的话：你很会引经据典，看来平时很爱阅读，举了岳飞精忠报国的事例来告诉我们什么是有气节的表现。）

8. 还有人补充？

（转述学生的话：①你想起了苏武牧羊那忠贞不渝的故事；②你想起了文天祥大义凛然、宁死不屈的英雄事迹。）

9. 他们的事迹，他们的气节，用文中的一句话概括就是：（引读：不管历尽多少磨难，不管受到怎样的欺凌，从来都是顶天立地，不肯低头折节。他们就像这梅花一样。一个中国人，无论在怎样的境遇里，总要有梅花的秉性才好！）

10. 可以说，外祖父珍爱梅花图，是为了让自己保持梅花的秉性，也就是保持中国人的气节。（板书：梅花秉性　中国气节）

在外祖父的心目中，爱梅花和爱祖国是统一的，因为他把梅花作为中华民族的象征。在外祖父的心目中，中华民族的精神就如这梅花一般。（再引读：不管历尽多少磨难，不管受到怎样的欺凌，从来都是顶天立地，不肯低头折节。他们就像这梅花一样。一个中国人，无论在怎样的境遇里，总要有梅花的秉性才好！）外祖父将墨梅图送给外孙女，也是希望外孙女能葆有梅花的秉性，葆有热爱祖国的一颗赤子心。

【要点提示：在典型事例的基础上，再抓外祖父的言行细节描写，将情感体会落实在语言文字中，引导学生对比、联想。用时 8 分钟。】

（三）联想悟情，三探梅花魂

1. 了解本文作者陈慧瑛的经历后，你就会发现，她也是那朵顶天立地、不肯低头折节的梅花。（出示课件）

陈慧瑛，著名归侨女作家，出生于新加坡，在陈慧瑛十三岁那年，经过七天七夜的航行，同母亲一起回到了故乡——厦门。回国后的她非常努力，成绩非常优异。但是在二十世纪六七十年代，由于出身华侨家庭，二十一岁那年，她被发配到穷苦的山西太行山区。她睡土窑，吃糠窝窝，喝雪水，一待就是六年，吃了很多苦。远在国外的亲人知道情况后屡次劝她离开祖国，回南洋发展，她一次又一次拒绝了，最后在文化界闯出了自己的一片天。

因为，她牢牢记住了外祖父临行前对她的嘱咐：

"一个中国人，无论在怎样的境遇里，总要有梅花的秉性才好！"

2. （出示课件）看着傲雪怒放的梅花，此时此刻，你会想起谁呢？是啊，想起最美的逆行者：他们是抢救人民于水火、脸烧得像焦炭一样黑的消防队员；他们是与死神较量、与时间赛跑的白衣天使；他们是无怨无悔保卫边疆、只能啃干粮喝雪水的边关战士……他们是让国人可以依靠的一座座山。他们不正是陈慧瑛笔下的梅花吗？他们不正传承着中华民族的精神和英雄魂吗？请记住，他们的样子，就是中国的样子。相信明天，你们也会成为他们的样子！

3. 同学们，咱们现在再读读课题，此时，你又会有怎样的感悟与思考呢？是的，梅花是物，魂是精神，（板书：精神）作者通过典型事例和细节描写让我们感受到了外祖父对祖国的眷恋和思念，感受到了作者对民族精神的弘扬和传承。（板书：传承）梅花有魂，人亦有情，外祖父就是那千千万万侨居在海外的游子的缩影。那份对祖国的真挚情感影响了自己的孙辈，也将不断鼓舞着我们每一个人。你，我，他，作为中国人，我们都要有——（齐读课题）梅花魂。

【要点提示：通过引入作者陈慧瑛的经历，感受梅花精神的传承。再结合现实生活的例子，情感升华，悟题深刻。用时 3 分钟。】

四、板书设计

27

统编版五年级下册

《军神》

俞卉　执教

一、扫描文库

　　《军神》是统编版小学语文五年级下册第四单元的第二篇精读课文，讲述的是刘伯承在担任护国军将领时，不幸负伤后，到一家外国人开的诊所里做眼部手术时，拒绝使用麻醉剂，为他动手术的外国医生沃克被其精神所感动，称赞他是"军神"的故事。读着课文，我们情不自禁地被刘伯承钢铁般的坚强意志所感染，从而走进一个无产阶级革命家的内心世界，感受刘伯承元帅的崇高品质。

二、教学速构

（一）教学内容

课文 1~15 自然段。

（二）教学目标

1. 认识"诊、龄、匪"等 6 个生字，会写"匪"字。

2. 默读课文，理解沃克医生的一番话，体会军神的含义，并从中受到理想主义教育。

（三）教学重难点

默读课文，理解沃克医生的一番话，体会军神的含义，并从中受到理想主义教育。

三、教学流程

（一）谈话导入，引出"军神"

1. 同学们，你们看老师写一个字，猜猜是什么字？（板书：神）平时，你们在哪儿听说过它？（神话故事里）什么样的人称之为"神"？

（转述学生的话：你说神不是人，而是有超能力的神仙，知天文晓地理，能预知未来。）

2. 今天，我们学习的这篇课文，题目叫（板书：军神）他跟神仙有关吗？（无关）这里的"神"指的是？

（转述学生的话：①勇敢的军人；②品质高尚的军人。）

3. 看来，同学们都有自己的理解。"军神"该有多威风啊，一起读读课题吧！

【要点提示：此环节为导入环节，用时 1~2 分钟。教师用一段精彩的对话将"军神"很自然地引出，唤醒学生的记忆，激发学生的求知欲望，不知不觉地走进了文本。】

（二）读题质疑，体会"军神"

1. "军神"，初次读到这个题目的时候，你有什么疑问呢？

（转述学生的话：①他是谁？②为什么被称为"军神"？）

2. 你们知道军神是谁吗？（刘伯承），你认识他吗？

（转述学生的话：①中国十大元帅之一；②伟大的无产阶级革命家、军事家、军事教育家。）

同学们能利用课外资料了解刘伯承，很不错。这是高年级的孩子必须掌握的学习方法，以后会经常用到。

3. 刘伯承为什么会被称为"军神"呢？带着疑问与探究的兴趣赶紧打开课本，到文中寻找答案吧！

【要点提示：此环节为过渡环节，用时 1 分钟。教师心中要有培养学生质疑的意识，通过质疑课题，让学生产生阅读的兴趣，带着问题走进课文。】

（三）朗读对话，品味"军神"

1. 初读课文，思考：课文讲了一件什么事？

（转述学生的话：刘伯承在重庆临江被土匪打伤了眼睛，动手术时拒绝使用麻醉剂。）

厉害，能运用抓人物和事件的方法进行概括，把一篇文章读成了一句话。同学们，刘伯承的眼睛真的是土匪打伤的吗？

（转述学生的话：不是，你从课外资料了解到是袁世凯的部队打伤的。）

是啊，那可是刘伯承的敌人。在刘伯承的眼里，他们就是一群强盗、土匪。"土匪"的"匪"是本课的生字。本义是盛物的竹器，所以是"匚"字旁。写的时候要注意，先写"非"，再写"匚"。来，跟着老师一起写。

2. 请大家快速浏览课文，边读边想：沃克医生怎么评价刘伯承？

3. 你有一双慧眼，一下子就找到了。

（出示课件：沃克医生惊呆了，大声嚷道："你是一个真正的男子汉，一块会说话的钢板！你堪称军神！"）

谁愿意来读一读？请最后一排的女生，（稍作停顿）你把"钢板、军神"重读，为什么？哦，是想强调沃克医生对刘伯承的（敬佩）。第三组第二桌的男生，你也想试试？请你来读。（稍作停顿）你关注到了标点：两个感叹号，语气要加重。

是啊，小小的标点也能告诉我们朗读的奥秘。让我们一起怀着敬佩之情读读沃克医生的话。

4. 刚才，我发现有的同学在这段话的后面画了个问号，这也是老师的疑惑。大家想一想：沃克医生为什么称刘伯承是一个真正的男子汉，一块会说话的钢板？请同学们默读课文 11~15 自然段，用波浪线画出相关句子。

（出示课件：沃克医生正在换手术服，护士跑来，低声告诉他病人拒绝使用麻醉剂。）

哦，你有一双火眼金睛，找到了这一句。你们知道麻醉剂有什么作用吗？

（转述学生的话：手术时，打了麻醉剂可以防止疼痛。）

不用麻醉剂就面临着要忍受什么？刘伯承为什么要拒绝麻醉，联系上下文思考一下？

（转述学生的话：①不麻醉就要忍受手术的痛苦；②因为刘伯承需要一个清醒的大脑。）

作为一名护国军的将领，刘伯承要用清醒的大脑做什么？

（转述学生的话：①抵挡袁世凯的追兵；②统率大军，指挥战斗，冲锋陷阵。）

5.是啊，有了清醒的大脑，刘伯承才能率领千军万马。这一点，他怎么会不知道？此时此刻，刘伯承可能会想——

（转述学生的话：眼睛离大脑最近，麻醉眼睛就有可能麻醉大脑。不行，我的大脑不能有丝毫损伤。）

想到这里，他平静地回答：（齐读）

（出示课件：“沃克医生，眼睛离脑子太近，我担心施行麻醉会影响脑神经。而我，今后需要一个非常清醒的大脑。”）

6.听到病人的回答，沃克医生什么反应？噢，你找到了这一句。

（出示课件：沃克医生再一次愣住了，竟有点儿口吃地说：“你，你能忍受吗？你的右眼需要摘除坏死的眼球，把烂肉和新生的息肉一刀一刀地割掉！”）（板书：再一次愣住了）

7.同学们，沃克医生可是一名很有经验的医生，文中就有提到。请快速浏览课文1~10自然段，找一找答案吧。

（转述学生的话：①沃克医生站起身，熟练地打开病人右眼上的绷带。你从“熟练”这个词看出来。②“你是军人！”沃克医生一针见血地说，“我当过军医，这么重的伤，只有军人才能这样从容镇定。”）

什么是“一针见血”？

（转述学生的话：能抓住要害，这里指沃克医生抓住刘伯承从容镇定的特点进行判断。）

8. 你能联系上下文理解词语，这是个好办法。是啊，只有见过许多军人的沃克医生，才能看出刘伯承也是一名军人。然而，正是这样一位富有经验的医生，面对拒绝使用麻醉药的病人，（引读：沃克医生再一次愣住了，竟有点儿口吃地说："你，你能忍受吗？你的右眼需要摘除坏死的眼球，把烂肉和新生的息肉一刀刀地割掉！"）

9. 同学们，你们有没有被小刀割破手指的经历？最后排的女生，你说有，疼吗？我们的手如果被小刀割破皮都会很疼。请大家闭上眼睛想象一下，用手术刀一点点地割掉烂肉和新生的息肉，那是怎样的感受啊？

（转述学生的话：①剧烈的疼痛，一定大汗淋漓；②眼皮上的肉本来就少，一定比割破手指疼上百倍。）

还能体会到什么？（刘伯承的勇敢和坚强。）（板书：勇敢　坚强）

是啊，这样的疼痛，眼前的这位病人真的能忍受吗？那可是常人无法忍受的剧痛啊！沃克医生表示怀疑。所以——

（引读：沃克医生再一次愣住了，竟有点儿口吃地说："你，你能忍受吗？你的右眼需要摘除坏死的眼球，把烂肉和新生的息肉一刀刀地割掉！"）

10. 可是，如此剧烈的疼痛，刘伯承却轻描淡写地回答——"试试看吧。"这看似简单的回答背后，是一个护国军将领——

（转述学生的话：①想要保持清醒头脑的决心；②忍受剧痛的胆量；③超乎常人的顽强。）

难怪，沃克医生这样称赞他——

（引读："你是一个真正的男子汉，一块会说话的钢板！你堪称军神！"）

11. 刚才，我们通过人物之间的对话体会到沃克医生的富有经验，刘伯承的勇敢坚强。这是文章的写作特色：透过语言体会人物形象。（板书：语言）下面，让我们一起分角色朗读 1~15 自然段，感受人物的品质。

读着读着，大家发现了吗？沃克医生的神态发生了变化，请快速圈画出这些词。

（板书：沃克 冷冷 愣住了 目光柔和 眉毛扬了起来，生气）

你们都有一双慧眼，能迅速捕捉到表示神态的词。沃克医生对刘伯承的态度为什么会发生变化？

（转述学生的话：①你是说开始时，沃克医生不知道病人是军人所以"冷冷地问"；②你有补充，发现伤情后"愣住了"，猜测病人是军人后"目光柔和"了，后来听到病人拒绝使用麻醉剂动手术"眉毛扬了起来"，很"生气"，表示不理解；③听了病人的一番话后"再一次愣住了"，表示惊讶、佩服。）

12. 小结：同学们，你们从人物的神态的背后读出了沃克医生对刘伯承的敬佩，真了不起。（板书：神态）

【要点提示：这一环节是学习课文的重头戏，用时 10 分钟。"通过课文中动作、语言、神态的描写，体会人物的内心"为本单元的语文要素之一，为落实此训练点，教学中运用个别读、引读等有梯度的朗读训练，体会沃克医生态度的变化是由刘伯承引起的。带学生走进人物的内心，感受人物的高尚品质。】

（四）小结学法，铺垫下文

同学们，刚才我们通过朗读，了解到沃克医生的态度变化是由刘伯承引起的。一个个丰富的表情，一次次坚定的话语，都让我们感受到刘伯承在手术前的勇敢和坚强。这节课，我们通过抓住人物的神态、语言，走进人物的内心世界，感受刘伯承的高尚品质。下节课，我们还要继续运用同样的方法，感受刘伯承在手术中的坚强意志。

【要点提示：此环节为总结延伸，用时 1 分钟。教师在此环节要总结板书内容，提炼学法，紧紧抓住人物的语言和神态，感受人物的崇高品质。】

四、板书设计

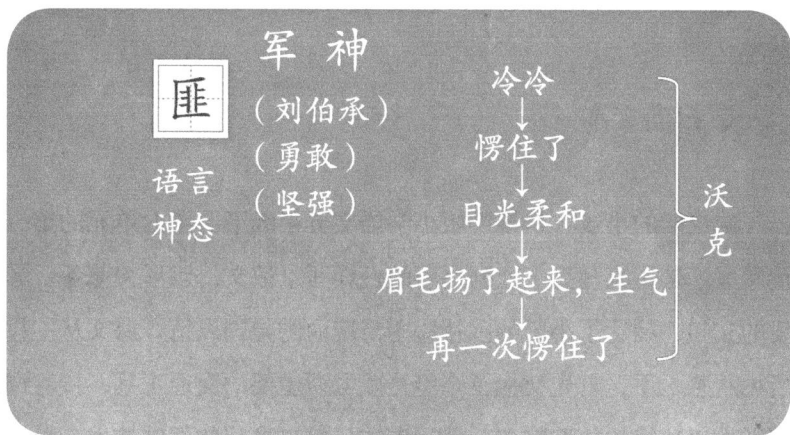

28

统编版五年级下册

《威尼斯的小艇》

林威　执教

一、扫描文本

　　《威尼斯的小艇》是统编版小学语文五年级下册第七单元的第一篇精读课文，是作家马克·吐温撰写的一篇写景散文，以形神兼备、灵活多变的文句，展示了小艇的独特作用与瑰丽的异国风情。课文从"我"的所见所感入手，首先交代了小艇是威尼斯主要的交通工具，接着详细介绍了小艇独特的构造特点，然后讲述了船夫高超的驾驶技术，最后总结小艇与人们的日常生活息息相关。抓住事物特点并把人的活动同景物、风情结合起来进行描写，是课文的主要特点。

二、教学速构

（一）教学内容

课文 1~4 自然段。

（二）教学目标

1. 正确、流利、有感情地朗读课文，学写"尼、斯、艇"等字。
2. 边读边品味课文优美的语言，感受景物的静态美和动态美。

（三）教学重难点

边读边品味课文优美的语言，感受景物的静态美和动态美。

三、教学流程

（一）化身"游客"，入情境

1. 同学们，你们喜欢旅游吗？今天，就让我们一起当一回游客，去一个神奇的地方旅行。请看！（出示课件：水城威尼斯的图片）你看出了什么？有什么感受？

（转述学生的话：①你觉得这个地方非常有特色，不但很美，而且整座城市是建在水上的；②你知道了这个地方就是欧洲著名的水城威尼斯。预习工作做得很足，不错；③你特别想去水城威尼斯玩一玩，尤其是想坐一坐著名的威尼斯小艇。）

2. 是呀，这就是水城威尼斯，一座建设在水上的城市，而这里最出名的交通工具，就是小艇。（板书：威尼斯的小艇）今天的课题里，就有三个要学写的生字，请大家伸出手，跟着老师一起书空课题。尼字，注意笔画笔顺和间架结构；斯字，不要把右边的斤字写错；艇字，是舟字旁的字，这样的字，都和船有关系。会写了吗？请在书本课题的下方再练习写一遍。

3. 齐读课题——威尼斯的小艇。请问，是哪里的小艇？（威尼斯的。）说明了什么？

（转述学生的话：①你觉得，作者强调这是威尼斯的小艇，可见它与其他地方的小艇不一样；②你认为，威尼斯的小艇与众不同，有着自己的特色。）

不错，这不是别处的小艇，而是威尼斯的小艇。

4. 再读课题——威尼斯的小艇。请问，是威尼斯的什么？小艇。又说明了什么？

（转述学生的话：①你觉得，作者不写威尼斯的其他事物，而是写小艇，可见小艇是威尼斯最有代表性的事物；②你认为，小艇最能体现威尼斯这座水城的特色，可以说是威尼斯的名片和标志，因此作者才要写威尼斯的小艇。）

是的，威尼斯最有特色的，便是这些小艇。

5. 说了这么多，各位小游客们，你们一定非常期待了。到底威尼斯的小艇是什么样的，又有什么特点呢？接下来，就让我们一起打开课本，请大家默读课文，边读边思考，课文从哪几个方面介绍了威尼斯小艇的特点。开始吧。

6. 谁来说说看？（转述学生的话：你认为，课文介绍了威尼斯小艇的地位、外形、乘坐时的感受、船夫的驾驶技术，以及人们坐着小艇过的一天的生活。）

是的，作者围绕着小艇，写了它的方方面面。

【要点提示：此环节为导入环节，用时 3 分钟。教师先用直观的图片来充分吸引学生，激发学习兴趣。板书课题，完成生字教学任务，并通过对"威尼斯"和"小艇"两个词语的强调，让学生体会到作者写作的目的和初衷，并通过初读课文，了解文章大致介绍了威尼斯的小艇哪几个方面的特点。这部分的教学，入情入境，让学生化身游客，不仅启发学生的思维，调动积极性，而且让学生自然而然地走进文本。】

（二）化身"读者"，品外形

1. 文章哪一句话，一下子让我们明白了威尼斯小艇的地位。（出示课件）你看，在威尼斯这座世界闻名的水上城市里，小艇成了主要的交通工具，等于大街上的汽车。可见，威尼斯的小艇，很常见，很普遍。课文开头的一句话，就让我们明白了威尼斯的小艇对于这座城市居民的重要性。（板书：地位　高）

2. 那么，这个小艇到底长什么样呢？请一位同学来读一读课文的第二自然段。他在读的时候，其他同学认真听，看看威尼斯的小艇在外形上到底有什么特点。

3. 读得真不错，字正腔圆，流畅通顺。那么，其他同学来说一说，读了这段话，你觉得小艇都有哪些特点？

（转述学生的话：①你觉得，小艇很长，足足有二三十英尺长。嗯，这是你发现的第一个特点，作者用列数字的方式，交代了小艇的长；②你觉得，小艇又窄又深，有点儿像独木舟。作者找了个我们熟悉的事物，进行类比，让我们明白了小艇的造型；③你认为，小艇的外形很独特，船头和船艄向上翘起，像挂在天边的新月。哇，这里用上了比喻，让我们眼前出现了小艇的样子，很有画面感；④行动轻快灵活，仿佛田沟里的水蛇。这里也是比喻，把小艇比成了水蛇，这是在写小艇的动态美。）

4. 你看，写小艇的外形，作者既写了小艇的长、窄、深，也写了小艇造型独特，还告诉我们小艇动起来像水蛇一样迅速。既写了静态，又写了动态。总而言之，这小艇的外形，一个字来概括——奇。（板书：外形 奇）

5. 在这一段描写小艇的外形的句子中，我们发现了两组比喻。请看！（出示课件）一个是说小艇像"挂在天边的新月"，一个说小艇仿佛"田沟里的水蛇"。仔细读一读这两句话，谁来说说有什么不同？为什么作者要用两种不同的比喻？这两组比喻看起来有点矛盾和冲突，是不是不准确？

（转述学生的话：①你觉得，挂在天边的新月，是从小艇的静态造型进行比喻，生动形象地写出了小艇的外形特点。不错，很会读书；②你认为，作者又把小艇比喻成田沟里的水蛇，那是从小船行驶起来的动态进行比喻，让人一下就感受到了小船行驶时的那种快。）

6. 不错，同学们通过仔细读，发现了一个写作秘诀：原来，同样的事物，你想要描绘的特点不同，所使用比喻也可以不一样。让我们来练习一下。

（出示课件：秋天到了，树上的叶子变得金黄金黄的，像挂在树上的 _____，秋风一吹，叶子从树上飘落，仿佛 _____。）谁来试着用上不同的比喻。

（转述学生的话：①秋天到了，树上的叶子变得金黄金黄的，像挂在树上的一把把金黄的小扇子。不错，这是描写秋天树叶外形的静态美；②秋风一吹，叶子从树上飘落，仿佛一只只在风中翩翩起舞的黄蝴蝶。这是描写秋天树叶被风吹落时的动态美。）

7. 写作时，要写出事物的静态美和动态美。你可以用不同的比喻凸显动与静的不同。让我们再读一读课文的这句话，品味威尼斯小艇动静皆宜的美。

【要点提示：此环节为本课重要教学环节之一，用时6分钟。围绕着本课的教学目标和重难点，同时也是本单元最核心的语文要素——体会景物的静态美和动态美，通过读和品的形式，带着学生一起欣赏威尼斯小艇独特的外形，并体会到在描写外形时，作者用不同的比喻，以不同的角度，来形象地写出小艇外形特点的写作手法。让学生既能感受到小艇特点，又能由读到写，完成迁移训练，同时解决了重要的课后问题，并为进一步教授动静之别打好基础。】

（三）化身"作家"，品技术

1. 听说，威尼斯的小艇不但地位高，外形奇，而且船夫的驾驶技术还特别好。（板书：技术　好）下面请同学们读课文的第四自然段，边读边拿笔画出你觉得船夫驾驶技术高超的地方，我们一起来交流交流。

2. 好了，大家在读书的时候都能做到勤于动笔，非常会学习。谁来说说看？

（转述学生的话："行船的速度很快，来往船只很多，他操纵自如，毫不手忙脚乱。"）

这一句话里，你是怎么体会到船夫的技术好的？一个词：操纵自如，还有一个它的反义词：手忙脚乱。是啊，这一组反义词的对比，一下子就凸显了船夫技术的高超。操纵自如，毫不手忙脚乱。在来往船只很多的情况下，还能如此从容。来，你来读一读，读出这份自如。

（转述学生的话："不管怎么拥挤，他总能左拐右拐地挤过去。"）

从中，你如何体会到船夫的技术好？首先是，是这一组关联词："不管……总能……"，也就是说，无论怎么拥挤，都能挤过去。还从哪个词体会到？左拐右拐，是啊，这可是技术活，能操纵小船左拐右拐，厉害。最后，还有一个动词——挤。你看，不是驶过去，不是穿过去，而是挤过去。这说明什么？小船在行驶的过程中河道确实很拥挤，但船夫的驾驶技术也的确好，总能挤过去。一句话里，竟然藏着这么多玄机，处处都透着船夫驾驶技术的高超。来，全班一齐读这句话。

（转述学生的话："遇到极窄的地方，他总能平稳地穿过，而且速度非常快，还能急转弯。"

（转述学生的话："两边的建筑飞一般地倒退，我们的眼睛忙极了，不知看哪一处好。"）

这些描写，有的是直接举例子说明船夫的驾驶技术好，有的是通过写建筑的飞退和乘客的感受间接描写船夫的驾驶技术好。总而言之，作者用上了各种不同的方法，写出了船夫的驾驶技术——特别好。把威尼斯小艇的动态美写得淋漓尽致。

【要点提示：此环节为重点段落教学环节，用时5分钟，带领学生学习课文的重点段落第四自然段，并且站在作者的角度，以写法入手，引导学生品味作者通过哪些方法来刻画船夫的驾驶技术好，体会动态美的多种写法。】

四、板书设计

威 尼 斯 的 小 艇

地位　高
外形　奇
技术　好

29

统编版五年级下册

《手指》

王剑燕　执教

一、扫描文本

《手指》是统编版小学语文五年级下册第八单元的第二篇精读课文，是丰子恺先生所写的一篇散文。文章语言风趣、幽默、诙谐，结构清晰明了，运用了多种表达方法，刻画出不同姿态与性格的五根手指，让我们联想到生活中相应的类似的人。

二、教学速构

（一）教学内容

课文 1~2 自然段。

（二）教学目标

1. 正确、流利、有感情地朗读课文，学习"秒"字。

2. 边读边感受语言的风趣，体会课文的表达特点。

3. 仿照课文的表达特点，从人的五官中选一个，写一段话。

（三）教学重难点

边读边感受文章语言的风趣，体会课文的表达特点。

三、教学流程

（一）趣说手指，引课题

1. 同学们，看这段视频，（出示短视频：不可思议的手指舞）神奇吗？就如魔术般，手指带来的变化不仅让人赏心悦目，还让人叹为观止。

2. 相比较于各种魔术道具，手指有更方便的特点：随时、随地、随身，永不离身。（出示词语，齐读）

3. 手指不只灵活多变，在它们的身上还藏着很多小秘密呢！这节课，我们一起探寻，揭开它的神秘面纱，一起破译丰子恺先生笔下的《手指》密码。（板书课题）一起读课题——手指。

【要点提示：此环节为导入环节，用时 1 分钟。教师用聊天式的语言将手指引出，从整体上表达手指的特点，同时也为下文讲述永不离身的手指是我们的好朋友，它有它的姿态，也有它的性格，埋下伏笔。】

（二）感知课文，点中心

1. 快速浏览课文，用笔画出文章的中心句。画好啦？哟，不约而同都说出了这一句，一起读："一只手上的五根手指，各有不同的姿态，各具不同的性格，各有所长，各有所短。"读着这句话，你有什么想说的？

（转述学生的话：①你觉得这个句子写得简单但又内容丰富。你看得很清楚；②你觉得这里的"姿态""性格"，仿佛把手指当作人来写了。哎哟，你很会思考，很有敏锐力，这都被你发现了。）

2. 是呀，一只手上的五根手指可不得了，它们（引读：各有不同的姿态，各具不同的性格，各有所长，各有所短。）

3. 五根手指，到底各有哪些不同的姿态？各具哪些不同的性格？（板书：姿态　性格）先请同学们默读课文第二自然段，找出作者所描写的大拇指的姿态和性格，并做圈画。

【要点提示：此环节从文章的总体结构上把握，简单过渡，直入第二自然段的具体学习。同时，也进一步将高段的篇章结构进行引导训练。用时 1~2 分钟。】

（三）学教合力，破密码

1. 大部分同学都停笔啦！谁来说说大拇指的姿态和性格？你的手举得最快，看来迫不及待啦，先请你说说看。

（转述学生说的话：从"形状实在算不上美""身体矮而胖，头大而肥，构造简单，人家有两个关节，他只有一个。"这些信息中，你觉得大拇指的姿态一般，甚至有些丑陋，与别人相比还少了一个关节。）

2. 你觉得作者对大拇指的姿态的态度是？（转述学生说的话：有点嫌弃、看不上。）那你带着这种感觉读一读。

3. 确实，姿态如此一般的大拇指，想来也并无啥用处。我们不要也罢！你们不同意？（表情做惊讶状）那我们来辩论辩论，大拇指到底有啥用处？请看，我所列出的这几条姿态，你有哪点看得上！你这么愤愤不平，你先来说！

（转述学生说的话：哦，有些道理！因为它矮而胖，有力气，所以能扶住琴身、扳住重东西。因为它头大而肥，所以能够快速地按住伤口不流血，能够死力抵住喷水口。因为它构造简单，所以翻书页、撳电铃都很快速。）

哇！孩子们，给自己掌声，条条都能反驳到位，还举了一个个例子让人不得不信服，这是一种非常重要的表达方法：举例。

4.在文中，有运用到举例这一表达方法的句子，你能找出它的特点吗？（出示课件）你看到了"例如"和分号。你真会发现。我们发现用到分号时，前后两个分句之间是有一定关系的，这里是并列关系。

5.丰子恺先生通过举例让我们了解了貌不惊人的大拇指却有着怎样的性格？对了，最肯吃苦的性格。一起读读这两句："但在五指中，确实最肯吃苦的。例如拉胡琴……进门，叫他撳电铃。"这种写作手法不禁让我们想到了丰子恺先生所写的另一篇文章《白鹅》，用的都是——先抑后扬的写法。这就是丰子恺先生语言运用的特点。

6.看来，丰子恺先生语言的密码已经被你们破得差不多啦！在第二段中，你还能找到关于大拇指的其他性格特点吗？

（转述学生说的话：你认为大拇指非常谦虚，与其他四指相比，不会讨巧，默默无闻。）

所以，这里运用了另一种表达方法，那就是：对比。

7.一个个都是破译语言的高手。真好，丰子恺先生就是通过举例、对比等表达方法，先抑后扬写出了大拇指的姿态和性格。（板书：举例对比　先抑后扬、板画。）

8.读着读着，有没有感觉作者实际上是在写人呀？有着这样的姿态和性格的人，在我们身边，你们能想到谁？

（转述学生说的话：①你想到的是清洁工人，做着最苦最累的活，却不求光鲜亮丽的展示；②你想到的是家中的奶奶，最能吃苦，却又不贪领功劳。）

9. 是啊，丰子恺先生的文字就是有这样的魅力，既朴实又风趣，总能读出蕴含的哲理。不仅在这一段，在整篇文章中，先生都向我们娓娓道来五指的所长及所短。让我们合作读。

【要点提示：此环节为重点段落教学环节，用时 10 分钟。边读边破译语言密码，通过自我发现、辩论激发等策略让学生找到作者的表达方法，体会语言的风趣，感受大拇指的魅力。】

（四）小组学习，品密码

1. 现在请同学们以小组为单位，合作学习，从 3~5 自然段中找找丰子恺先生在描述其他手指的姿态和性格中所用的语言密码吧！

2. 这节课，我们畅游在丰子恺先生的语言世界中，从不同的表达方法中感受到了手指所具有的姿态和性格，透过他风趣的语言、形象的表达，我们感受到了手指代表的一个个鲜活的人。这就是语言的魅力。而这些表达都是丰子恺先生智慧的闪现。

（五）作业布置，用密码

我们也可以学习大家风范，仿照第二自然段的表达特点，从人的五官中选一个，写一段话。写出特点和深意。

【要点提示：此环节为总结延伸，用时 1~2 分钟。教师在此环节中总结板书内容，提炼表达特点，放手让学生在实践中运用习得的方法。】

四、板书设计

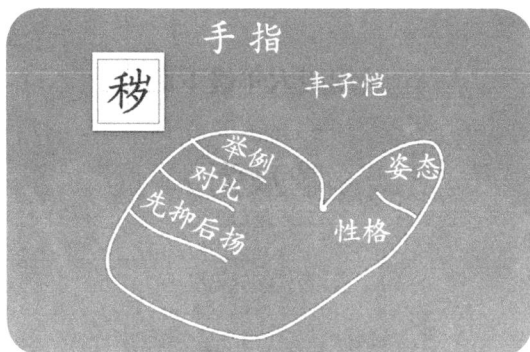

30

统编版六年级下册

《腊八粥》

郑骏妲 执教

一、扫描文本

　　《腊八粥》是统编版小学语文六年级下册第一单元的第二篇精读课文，是一篇充满乡土气息的小说。作者以腊八粥为线索，向我们展示了腊八节民俗的同时还呈现了一幅淳朴、温馨的图景。课文主要写了八儿等粥和喝粥这两件事，等粥是主要事件，作者用细腻平实的笔触写出了八儿期待吃腊八粥的欢喜心情。我们可以通过八儿的动作、语言、心理来感受他想吃腊八粥的急切心情、他那带着童真的小心思。

二、教学速构

（一）教学内容

课文 2~8 自然段。

（二）教学目标

1. 正确、流利、有感情地朗读课文。

2. 边读边想象八儿的馋样儿，感受八儿等粥的急切心情。明确作者如何详写等粥的过程，体会作者写法的妙处。

（三）教学重难点

感受八儿等粥的急切心情，体会作者写法的妙处。

三、教学流程

（一）了解传统，引入课题

1. 同学们，我们国家历史悠久，有许多传统节日。每个节日都有各自的习俗。你能举例说说吗？

（转述学生的话：①端午节吃粽子、插艾草、赛龙舟；②清明节扫墓、吃清明粿；③重阳节赏菊、登高。）

2. 你们对传统节日的了解真不少！有一个传统节日要喝粥，你知道是什么节吗？对，就是腊八节！农历十二月又称腊月，在每年农历腊月初八，古人有祭祀祖先和神灵、祈求丰收吉祥的传统，一些地区有喝腊八粥的习俗。

3.（出示课件）古往今来，许多文人以腊八粥入诗。我们熟悉的作家冰心、梁实秋等，也曾在自己的作品中提到腊八粥。

4.今天，我们要学习的课文《腊八粥》也是出自名家之手，这位名家就是沈从文。

【要点提示：此环节为导入环节，用时 1~2 分钟。以传统节日为话题，引出腊八节喝腊八粥的习俗， 课件展示古今文人与腊八粥相关的作品，引起学生的兴趣，为接下来的学习做铺垫。】

（二）了解作者，明确目标

1.沈从文，1924 年开始进行文学创作，撰写出版了《长河》《边城》等小说。沈从文的创作风格趋向浪漫主义，具有浓郁的地方色彩，凸现出乡村人性特有的风韵与神采，也被称为"中国乡土文学之父"。《腊八粥》写于 1925 年，是他早期的作品。

2.（出示课件：单元目标页面）请大家读单元目标，再自由读课文。这篇课文讲了两件事——等粥、喝粥。请你说说课文哪些段落写了等粥，哪些段落写了喝粥？哪部分写得详细，哪部分写得简略？

（转述学生的话：2~19 自然段写了等粥，最后两段写了喝粥。写得详细的部分是等粥。）

3.等粥是课文的主要部分，作者对其进行了细致的描写。我们一起看看作者是怎么详写主要部分的。

【要点提示：此环节为过渡环节，用时 1 分钟。主要目的是让学生了解作者、明确学习目标。通读课文，明确课文内容与结构，为接下来的片段细读做好铺垫。】

（三）品读片段，体味语言

1. 请同学们自由读 2~8 自然段，说说你感受到八儿怎样的心情？

（转述学生的话：感受到了八儿既欢喜又急切的心情。）

2. 作者对哪些方面的详细描写让你感受到八儿的心情呢？

（转述学生的话：作者描写了八儿的动作、语言、表情、想法。）

（板书）

3. 请你们小组合作，选择一个方面，在课文的 2~8 自然段中找出相应的描写，与小伙伴分享你的体会。

4. 请每个小组派一名代表来分享你们的成果。

（转述学生的话：课文说了八儿"一个人进进出出灶房"，这是对他的动作描写。我们可以感受到他对腊八粥的好奇和期待。他一定是很想早点吃上腊八粥的，一直进进出出体现了他急切的心情。）

你们抓住了动作描写的部分。

（转述学生的话：你们从八儿的语言里体会到他的心情。他想快一点吃上腊八粥。他用了个"才"字，证明他等不及了。他还对妈妈说饿了。我们平时想吃一样东西但是大人不让的时候也会这么做。说饿了让大人心疼。）

抓住大人心疼孩子的心理，我们管这种做法叫——撒娇。他是真的饿了吗？

（转述学生的话：不是的。课文里说了他的想法。他未必是真的饿了。只是"因好奇而急于想尝尝这奇怪东西罢了"。他就是好奇、嘴馋。想到可以吃腊八粥，他一早就喜得快要发疯了。）

你说出了他嘴馋。他的欢喜、好奇，迫切的心情都是因为——嘴馋。

（转述学生的话：他的表情也很有意思。他听到松劲的话，眼睛急红了。这是希望落空的表现。本来以为很快就能吃上腊八粥的。没想到要等到夜里。他撒娇的时候都快哭了，因为他很无奈。他太期待能够早点吃上腊八粥了。）

5. 从你们的分享中，我们看到了一个嘴馋的八儿。（板书：嘴馋）

6. 这腊八粥到底有多诱人呢？请你在 2~8 自然段当中画出相应的语句。你来说说。

（转述学生的话：①腊八粥似乎很美味。发出的声音就足够吸引八儿了；②作者还用了拟人的手法来写这锅粥，粥的叹气好像在与八儿互动。）

7. 我们一起读一读。（出示课件）

那一大锅正在叹气的粥

锅里的粥也像是益发浓稠了

锅中的粥，有声无力的叹气还在继续

那锅中正在叹气又像是在嘟囔的东西

看到那一大锅正在叹气的粥，读——碗盏都已预备得整齐摆到灶边好久了，但他妈总说是时候还早。

他妈正拿起一把锅铲在粥里搅和。锅里的粥也像是益发浓稠了。读——"妈，妈，要到什么时候才……""要到夜里！"其实他妈所说的夜里，并不是上灯以后。但八儿听了这种松劲的话，眼睛可急红了。

锅中的粥，有声无力的叹气正还在继续。读——"那我饿了！"八儿要哭的样子。"饿了，也得到太阳落下时才准吃。"

饿了，也得到太阳落下时才准吃。你们想，妈妈的命令，看羊还不够资格的八儿，难道还能设什么法来反抗吗？并且八儿所说的饿，也不可靠，不过因为一进灶房，就听到那锅子中叹气又像是正在呻吟的东西，因好奇而急于想尝尝这奇怪东西罢了。

【要点提示：此环节为重点段落教学环节，用时 10 分钟。"阅读时，分清内容的主次，体会作者是如何详写主要部分的"为本单元的教学目标之一，为落实此训练点，围绕着体会八儿等粥的急切心情展开教学活动，学生在合作学习中体会作者的写作方法。达成目标的同时也为剩余部分的学习奠定基础。】

（四）归纳小结，迁移延伸

同学们，通过刚才的学习，我们感受到了八儿嘴馋的样儿。沈从文对八儿的动作、语言、想法、表情进行了详细的描写，让我们感受到八儿等粥的急切心情。对腊八粥的描写从侧面体现了八儿迫不及待想吃粥的心情。接下来的内容，我们依然可以用上分析人物动作、语言、想法、表情的方法来体会作者详略得当的写法。（板书：语言 动作 想法 表情）

【要点提示：此环节为总结延伸，用时 1 分钟。教师在此环节总结板书内容，并提炼学法，将本课的学习方法延伸至课文后半部分的学习中，为接下来的学习提供便利。】

四、板书设计

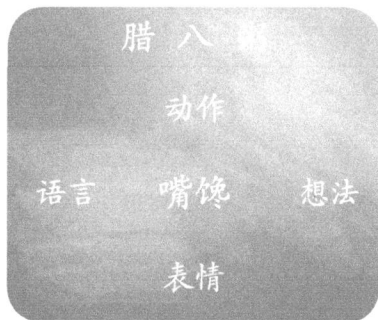